阅 读 是 一 切 美 好 的 开 始

遇事不决问哲学系列

世界哲学经典

THE MEDITATIONS

沉 思 录

〔古罗马〕马可·奥勒留 ◎著　宋　宁 ◎译

中国水利水电出版社
www.waterpub.com.cn

·北京·

内 容 提 要

《沉思录》是"帝王哲学家"马可·奥勒留记录的自己对于哲学的思考以及与心灵的对话。本书主要体现了奥勒留所承继的斯多葛派哲学思想。他主张完善美德,提倡仁爱与善良,强调自我宁静,接受命运的变幻。他认为,善即与宇宙理性、自然秩序相和谐。全书采用箴言形式,行文质朴,句法简略,凝聚了奥勒留毕生的真知灼见,字里行间无不给人以心灵的震撼和精神的升华。

图书在版编目(CIP)数据

沉思录 /(古罗马)马可·奥勒留著;宋宁译. --
北京:中国水利水电出版社,2022.9
  ISBN 978-7-5226-0962-1

Ⅰ. ①沉… Ⅱ. ①马… ②宋… Ⅲ. ①斯多葛派—哲学理论 Ⅳ. ①B502.43

中国版本图书馆CIP数据核字(2022)第164004号

书　　名	沉思录 CHENSILU
作　　者	〔古罗马〕马可·奥勒留 著　宋宁 译
出版发行	中国水利水电出版社 (北京市海淀区玉渊潭南路1号D座　100038) 网址:www.waterpub.com.cn E-mail:sales@mwr.gov.cn 电话:(010)68545888(营销中心)
经　　售	北京科水图书销售有限公司 电话:(010)68545874、63202643 全国各地新华书店和相关出版物销售网点
排　　版	北京水利万物传媒有限公司
印　　刷	天津旭非印刷有限公司
规　　格	146mm×210mm　32开本　7印张　140千字
版　　次	2022年9月第1版　2022年9月第1次印刷
定　　价	49.80元

凡购买我社图书,如有缺页、倒页、脱页的,本社营销中心负责调换
版权所有·侵权必究

译者序
PREFACE

2400年前,柏拉图在《理想国》中表达了他"以哲学治国"的美好理想。他认为,唯有精通哲学的人做一国之主,才能让国家长治久安,否则国家将永无宁日。

纵观人类历史,确实有一个人符合柏拉图理想中的人物原型,那就是本书的作者——"帝王哲学家"马可·奥勒留。

公元121年,马可·奥勒留出生于罗马的一个贵族家庭,从小就受到了很好的教育。自12岁起,他开始学习哲学,并期盼将来能成为像苏格拉底那样的大哲学家。然而,5年之后,他却阴差阳错地走上了一条与此截然不同的人生之路。

公元138年,奥勒留被罗马皇帝安东尼·派厄斯收为养子,获得"恺撒"的称号,其后参与管理国家。公元161年,派厄斯去世,奥勒留继承皇位。自此之后,奥勒留以其非凡的军事领导才干,维持着对罗马帝国长达20年的统治,直至公元180年去世。

奥勒留执政期间，罗马帝国鲜有太平之时。当然，这并不是他的过错，而是恰逢罗马帝国由盛转衰的时期，加之洪水、地震、瘟疫等灾难频发，导致外有强敌环伺、内有叛乱迭起，整个罗马帝国都动荡不安。尽管奥勒留向往和平，但他不得不东征西讨，以解决罗马帝国的危局。

在戎马倥偬中，奥勒留步入了晚年。难能可贵的是，他依然保持着对哲学的热爱，利用闲暇时光，将自己对哲学的思考以及与心灵的对话一一记录下来，用以反省自我，安顿灵魂。这些内容便是《沉思录》的原稿，在奥勒留去世后由他的亲朋好友保存下来，从而得以传世。

从治国方面来看，在整个西方文明中，奥勒留称得上是一位不可多得的贤君。然而，罗马帝国的内忧外患耗尽了他毕生的精力，致使他未能挽救罗马帝国江河日下的颓势，他便抱憾而去。令人欣慰的是，《沉思录》在历史长河中绽放出了无比灿烂的光彩，只此一书，便足以让奥勒留千古留名、受人敬仰。

《沉思录》主要体现了奥勒留所承继的斯多葛派哲学思想。斯多葛派是古希腊人芝诺于公元前300年左右创立的哲学学派，因芝诺在雅典广场的斯多葛柱廊聚众讲学而得名。后来，随着古罗马对古希腊的征服，斯多葛派的思想在古罗马得到了广泛传播，进而延续到了罗马共和国时代及罗马帝国早期，此后传承不绝，惠及后世，可谓影响深远。

斯多葛派哲学主要是一种伦理学，专注于具体的生活伦理。在斯多葛派看来，主宰整个宇宙共同体的是自然本性（又被称为"宇宙理性"），个体的生命必须与自然和谐，才有可能达到至善至美。一个人的幸福有赖于其自身，不受任何外界因素的影响。美德才是唯一的善，具有美德等于拥有幸福，而美德必须与自然一致，其他如失意、痛苦、疾病、死亡等都不值一提，总之，人要遵从自然而生活，或者说人要按照本性生活。

奥勒留是最后一位重要的斯多葛派哲学家，他在《沉思录》中主张完善美德，提倡仁爱与善良，强调自我宁静，接受命运的变幻。他认为，善即与宇宙理性、自然秩序相和谐。可以说，自然、理性和美德既是斯多葛派哲学的精髓所在，也是《沉思录》的核心议题。

《沉思录》采用箴言形式，行文质朴，句法简略，凝聚了奥勒留毕生的真知灼见，字里行间无不给人以心灵的震撼和精神的升华。但美中不足的是全书并未精心布局，篇章之间多有重复，明显反映了随兴而作的特点。

《沉思录》原书为古希腊文著作，自传世以来，已被译成十多种语言。该书作为哲学经典著作，也深受中国读者的喜爱，目前已有梁实秋、朱汝庆、何怀宏等人的中译本。此次重译，译者参考了前辈们的中译本，以便印证、学习。需要说明的是，目前国内的《沉思录》大都转译自英译本，译者也参阅了不同的英译本，然后去芜存菁，集众家之长，力争译文明快简约、朗朗上口，让更多读者愿意阅读这样一部哲学名著，而不是对之望而却步。

阅读经典著作，终归是能令人受益的事，但愿此译本未令原著失色，也请读者朋友们多多包容，不吝指正。

宋宁
2022年6月

目　录
CATALOG

- 译者序

- 第 1 卷

  从身边的人身上学习到的品行　　002
  感谢我所拥有的一切　　011

- 第 2 卷

  在宇宙中你是怎样的一部分　　016
  所有东西都会走向消亡　　022

- 第 3 卷

  顺应自然规律而生活　　028
  按照自己的心意去做选择　　033

- 第 4 卷

  人生就是心之所见　　042
  永远走最接近真理的道路　　051

- **第 5 卷**

接受命运给我们的安排	064
如何使用自己的灵魂	071

- **第 6 卷**

控制自己的情绪	082
按照自己的本性去生活	091

- **第 7 卷**

不要担心未来的事	102
人生像跳舞,但更像摔跤	109

- **第 8 卷**

很快你将永远不复存在	120
不傲慢地接受,不勉强地放弃	129

- 第 9 卷
    - 审视你自己的主导理性   142
    - 让你的意志符合公共利益   151

- 第 10 卷
    - 从容而灵活，快乐而冷静   160
    - 请你首先考察你自己   168

- 第 11 卷
    - 根据自己的意志塑造自己   180
    - 思考一切从何而来   188

- 第 12 卷
    - 观察事物的本质是怎样的   198
    - 以公共利益为目的去行动   203

第 1 卷

从我父亲的身上,我学会了:秉性温和,坚决执行经过慎重考虑后做出的决定,绝不动摇;不过分追求表面的尊重与荣耀;热爱且坚持不懈地劳动;听取造福公众的意见;坚持对所有人赏罚分明;明白什么时候需要集中精神,什么时候应该放松神经。

从身边的人身上
学习到的品行

从我祖父维鲁斯[1]的身上,我习得了良好的操行与安然的情绪。

从父亲[2]的声望和他留给我的回忆[3]中,我习得了谦冲自牧[4]与男儿气概。

从母亲[5]的身上,我习得了虔诚与慷慨;不仅要摒弃恶

---

1 维鲁斯,指马可·安涅斯·维鲁斯(Marcus Annius Verus),是马可·奥勒留的祖父,曾三次被任命为执政长官。于公元138年逝世,逝世时约90岁。

2 马可·奥勒留的父亲是帕波利乌斯·安涅斯·维鲁斯(Publius Annius Verus),曾被任命为仲裁长官。逝世于公元136年之前,比奥勒留的祖父逝世更早。

3 马可·奥勒留于公元121年4月在罗马出生。

4 谦冲自牧,指谨慎谦虚、知耻明礼,是一种懂得自我克制的情感。

5 马可·奥勒留的母亲是多米迪亚·卢希拉(Domitia Lucilla),于公元156年逝世,马可·奥勒留时年35岁。多米迪亚·卢希拉的父亲卡韦乌斯·图鲁斯(Calvisius Tullus),曾两次被任命为执政长官。

行,还要摒除恶念;要追求简朴的生活方式,切忌奢靡。

从我曾祖父[1]的身上,我明白应该有个优秀的家庭教师而不是去公共学校[2],知道在这些方面应该不惜钱财。

我的老师[3]让我懂得:不要在利益竞赛中站队,也不要做角斗比赛中的争斗者;要忍受困苦,知足自得,自己的事情自己做,不要好管闲事,不要偏听偏信。

从戴奥戈聂托斯[4]那里,我学会了不在琐事上纠缠;不信江湖术士的咒术和其他类似的东西;不醉心于饲养鹌鹑[5],也不在别的玩物上倾注热情;允许无顾忌地坦诚交谈;潜心研习哲学,从巴克厄斯到坦德西斯[6]再到玛西安鲁斯[7];年少时就练习写对话体;睡简陋的床,盖粗糙的毛

---

[1] 马可·奥勒留的曾祖父是卡特里乌斯·赛维努斯(Catilius Severus),于公元76年出生,曾为哈德利安的皇位继承出过力,在哈德利安当政的117—138年期间,卡特里乌斯·赛维努斯曾两次被任命为执政长官。

[2] "学校"的原意是"打发时间""消遣",又指学堂。

[3] 此处的"老师",有学者认为可能是指斯多葛派的阿波罗尼斯·查尔西斯(Apollonius Chalcidensis),还有一种说法指出,此处的"老师"是指本卷中的语法学家亚历山大(Alexandrus)。

[4] 戴奥戈聂托斯(Diognetus),是曾经教马可·奥勒留绘画的启蒙老师。

[5] 彼时,饲养鹌鹑之风蔚然,是一种流行的消遣。

[6] 巴克厄斯(Baccheius)、坦德西斯(Tandasis),二人都是不太知名的哲学家。

[7] 玛西安鲁斯(Marcianus),是一个不太知名的哲学家,彼时有一个著名的医生和他同名。

皮，苦修一切有关希腊哲学的内容。

从罗斯库斯[1]那里，我明白了自己需要培养和提升品格；要不惑于诡辩式的争论，不耽于空而泛的思辨；谈话时不说教，不将自己刻苦研修、多行善事作为夸耀的谈资；写作时不炫技，不用华丽的辞藻和精巧的格律来堆砌文章；在房内遛弯时，不穿出门才穿的正装长衫[2]，或做出类似的愚蠢行为；信札要写得平实淳朴，就像罗斯库斯从思纽维尔撒[3]写给我母亲的信札那般；如果那些言语粗鲁冒犯或是行为粗俗乖张的人意图和解，那便要宽容地与他们和解；阅读要深入，不可不求甚解；不可轻率附和别人的大吹大擂；我还阅读了爱比克泰德[4]的文章，那是罗斯库斯提供给我的私人收藏。

从阿波罗尼斯[5]那里，我看到了自由意志和无可撼动

---

1 罗斯库斯（Rusticus），是马可·奥勒留的朋友，也是他的老师之一，是斯多葛派的学者。

2 长衫，是指一种长袍，有袖子，是罗马贵族阶层女性常穿的服饰，偶尔也有男性穿着。

3 思纽维尔撒（Sinuessa），一个坐落在拉丁地区和堪培尼亚交界处的拉丁城市，葡萄与温泉是当地的特色。

4 艾比克泰德（Epictetus），生卒年约在公元55年至公元135年，是古罗马有名的斯多葛派的哲学家，生平没有著述，有人收集他的讲学内容辑撰了《艾比克泰德哲学谈话录》，一直流传下来。

5 阿波罗尼斯（Apollonius），被认为是马可·奥勒留的朋友，是一位斯多葛派的哲学家。

的坚定不移；完全由理性支配一切，哪怕身受剧痛、罹患重病、失去亲子[1]，也要等闲看待；他是摆在我眼前的鲜活榜样，我清楚地看到，他教育人时严格却不乏耐性，不急不躁；在教授原理知识时，他经验丰富又有教导技巧，却从不自矜；朋友给他恩惠，他坦然接受，既不会由此而自卑谄媚，也不冷漠而将之视为应当。

从赛可斯都那里，我学习了仁爱善良；以慈爱方式管理家庭；倡导顺其自然的生活理念；他的气质庄重而不矫揉造作；对朋友真诚关心；对无知者和轻率议论者大度包容。

每个与他交往的人都感到随心愉悦，这种愉悦感比被溜须拍马的感觉还要好，所以但凡有机会与他交往的人，无不对他极其尊敬。在他的身上看不到愤怒或者别的强烈情绪，他摒除了所有激烈的情绪，为人亲厚温和；真诚赞美而不过度，博学谦逊而不张扬。

语法学家亚历山大让我明白：对他人的错误不要苛责；在他人的表达粗俗或语法不准确、语音不标准的时候，不要粗暴地将其打断，而应巧妙地指出正确的表达，

---

[1] 马可·奥勒留的儿子马可·安涅乌斯·维鲁斯于公元169年夭折，彼时年方7岁。后来，他的第一个儿子（约公元147年出生）也去世了。

这种巧妙的方式可以是回复或者是共同证实,还可以是针对事物本身而不是那个语言进行的共同研讨,或者是给出恰到好处的提示。

弗朗托让我明白了残暴之君的嫉妒、反复不定与伪善,知道了我们之中那些所谓的尊贵人士是如何冷血无情的。

柏拉图派哲学家亚历山大使我明白:把"我很忙"经常挂在嘴边或在没必要的情况下向人说明甚至写信表达的行为,是不可取的;在一起生活的过程中自然产生的责任、义务不能用忙碌这个借口一推了之。

从卡特鲁斯身上,我学会了:当朋友对自己大加指责时,哪怕他的指责是不经之语,也要如平常一般尊重他,努力使他冷静下来;对别人的老师要像回想多米特乌斯与雅典诺莫图斯那样热情地讴歌;对别人的孩子要诚挚地喜爱。

从我的兄弟塞弗勒斯[1]的身上,我学会了关爱家人、信奉真理、崇尚正义;因为他,我知道了特蕾西亚、黑尔维蒂斯、卡图、戴恩、布努特斯;接受了人人享有同等权

---

[1] 塞弗勒斯(Sextus),是擅长传记写作的知名作家浦鲁达克的外孙,出生于希腊的赤罗尼亚。据记载,塞弗勒斯担任法官助理,很受皇帝信任,享有很高的地位。

利、拥有同等发言权的法治体系观念以及尽可能地尊重每一个被统治者自由的君主统治理念；给予哲学始终如一的尊重；乐善好施，乐于助人，乐观豁达，对好友的善念欣然接纳；对他人的不悦坦然告知；与之交往的人无须揣测他的想法，胸襟坦荡。

从玛克西莫斯的身上，我明白了：要能控制自己，不被世事所干扰；无论发生什么事情都要保持心情愉悦，哪怕生病了也要如此；将温和与庄重这两种良好品性融合；遇到事情毫无怨言地去完成。

没有一个人不相信他的表里如一，所为皆出于善意；处事不惊，遇事不慌；办事不仓促、不退缩、不疑惑、不消沉、不推托，也不怨愤或猜疑。

行善举、常宽容、不欺骗；看起来是个固守自己观念、轻易难改其志的人；没有一个人会觉得他蔑视过自己，也没有一个人敢自认优于他；擅长幽默。

从我父亲的身上，我学会了：秉性温和，坚决执行经过慎重考虑后做出的决定，绝不动摇；不过分追求表面的尊重与荣耀；热爱且坚持不懈地劳动；听取造福公众的意见；坚持对所有人赏罚分明；明白什么时候需要集中精神，什么时候应该放松神经。

对他人的情感予以尊重，免去朋友们必须陪着共同用餐与出游的义务；对那些出于某种目的而留下的人始终如一地对待；郑重地思考每个提议，并始终保持这个习惯，深入观察而不是停留于表面现象；与朋友保持交往，既不冷漠嫌弃，也不过度热情；无论何时何地都不倚仗他人，心情欢畅；目光长远，提前妥帖地安排好各类事项，包括那些烦琐细碎的杂事。

所有对他的称颂赞美与曲意逢迎，他都拒不接受；对必须由帝国管理的事务保持着高度的敏感性，缩减支出，隐忍承受推行相关政策而招致的责难；对神灵不迷信，对民众不逢迎，时刻以清醒的头脑、坚定的意志面对所有事情，永不鄙视流俗，也不贪图革新。

对于命运赐予的丰厚的以助益生活的东西，他不夸耀也不拒绝，所以当他获得那些东西时，他安然享用它们，而当他没有获得那些东西时，他也如常地生活，并不觉得缺少了什么；没有人会觉得他是一个诡辩者，或是巧舌如簧的家仆，或是迂腐空谈的学究，而会认为他是一个成熟且完美的人，他不接受献媚，有自主控制能力，无论是对他自己还是对其他人。

他对真正的哲学家非常尊敬，也不挑剔其他人，但也不会轻易相信；他是个很好打交道的人，受人欢迎且不矫情；他恰到好处地照顾自己的身体，不贪图享乐，不显摆卖弄，也不轻忽大意，因为对自己身体的悉心照料，他看病、吃药或者接受别的医疗的次数很少。

那些在某些方面拥有突出才能的人——比如擅长雄辩滔滔地演讲，或是在法律、道德或者别的领域有专长的人会得到他的敬重，这份敬重不掺杂丝毫的嫉妒之心，而且他乐于为此提供帮助，让那些人凭借自己的专长获取相应的声名；所有的事情都依照祖辈定下的规矩照章办事，但也不会让人觉得是墨守成规。

他不希望发生变化或产生动荡，喜欢安居一隅，全身心地倾注于同样的事情；头痛症发作结束后，他就会马上恢复如常，精神抖擞地投入日常的工作之中；他没多少隐秘之事，有也数量少且无足轻重，还都跟公共事务有关；他在组织公共参观、公众工程建设及分配以及类似的事务上非常理性、谨慎，因为他的关注点在于完成事务本身，而不是借由这些事务来获得肯定。

他不会选择在不恰当的时候沐浴，也没兴趣大建楼馆会所，不挑剔吃穿用度，也不在意奴仆是否年轻貌美；他的衣服产自平原旷野的乡中别墅罗里姆，更多的产自拉努维姆，大家都知道他是如何处理托斯卡勒姆一个收税人的请求的，他向来如此。

没有蛮横无理，没有骄纵跋扈，没有暴戾狠毒，也没有像人们常提起的令人惊悚的事情，而是对所有事务都理智沉着、有条不紊、精力旺盛、相互协调地思考着；有关苏格拉底的回顾对他同样适用：对于那些很多人不愿放弃与贪婪享受的东西，他可以放弃，也可以享受；既能坚强地坚持，又能坚定地自制，这两种特质是一个人具备完美而不可战胜的灵魂的体现，就像玛克西莫斯在病中所表现出的那样。

感谢我所拥有的一切

我万分感谢诸位神灵,让我拥有那么好的祖父长辈、父亲母亲、姐妹同族,拥有那么好的老师、亲朋好友,以及拥有我所拥有的一切;感谢诸位神灵,让我对他们每一个人的每一件事都没有造成冒犯,因为我是那样的性格,如果机缘巧合,我有做出那种类似事情的可能性;但得益于神灵们的善意,那些因素从来都没有碰撞在一起,使我承受住了那样的检验。

我感谢神灵,为我维系了青春的力量;为我没有在合适的年龄之前,而是等到了合适的年龄,甚至是过了那个时期之后才成为一个真正的男人。

我感谢神灵,让我生活在我的父亲(同时也是一个执政者)的威严之下,在他的熏陶下,我摒弃了所有的狂妄自大,明白了宫廷生活可以不用护卫随侍,可以不穿戴标志性的服装配饰，可以不要火把与雕像，以及其他类似的装饰和诸如此类的炫耀；他使我知道如何最大限度地像个独立的个人，但又不会因为谦敬恭谨、漫无目的的生活态度而丧失一个统治者应有的处理公共事务的能力。

我感恩神灵，他们给了我这样的兄弟，他的秉性给我启迪，让我不忘关注自己的成长，他还用他的尊重与热忱带给我愉悦；我感恩神灵让我的孩子们拥有些许天分和健全的身体；还感恩神灵让我在修辞、诗歌和别的科学领域没有太多的建树，否则我可能因为在那些方面轻松获得了成就感而去全身心投入那些事业中去。养育过我的人曾因为我而受到赞誉，就像他们对我寄予的期望那样，尽管他们彼时还年轻，我也并没有以此为理由拖延，而是尽力去完成他们希望我去做的那些事情。感恩神灵让我认识了阿波罗尼斯、罗斯库斯、玛克西莫斯。

我感恩神灵，他们满足了我时时对随心自在生活的清晰想象，原本依靠神灵与他们的恩赏、提携、意志去生活，完全能使我生活得随心自在，但因为我个人的原因，没去遵照神灵的指示甚至是训诫，以致我没能过上那样的生活。

我感恩神灵，他们护佑了我的身体，让我能那么长时间地处于如今这种生活状态；贝尼迪克塔与西奥多图斯于我而言都是陌生的，但后来我对于情欲的处理也还能理智清醒；虽然我时常对罗斯库斯发脾气，但是从来没有做出什么令我抱憾终身的事情；尽管母亲早早过世，但她人生最后的时光由我陪着她度过。

我感恩神灵，赐予我丰厚的物质财富，这让我在帮助一个穷困潦倒的人或别的方面需要帮助的人时，不至于捉襟见肘；感恩我没有需要借助别人的力量才能得到满足的类似需求；感恩我有一个那么和善、深情、淳朴的妻子；感恩我的孩子们由合适的老师教育。

我感恩神灵，让我在梦境里习得了各种治病疗伤之法，尤其是咯血与晕厥之症，我对此类病症很有研究，在柯艾尔塔也显示过类似的神灵旨意。自开始对哲学感兴趣之后，我没有陷入诡辩派哲学的迷雾之中，也没有沉迷于历史写作，或醉心于三段论的研究阐述，对探索天文学也兴味索然。所有这一切，全都有赖于神灵与某种命运的提携指点。

写于葛拉鲁瓦[1]的奎迪[2]部落

---

1 葛拉鲁瓦，多瑙河的支流之一。

2 奎迪，是日耳曼人的一个部落名称。

第 2 卷

神灵创造的万事万物都散播着神的旨意,命中注定的万事万物也并不与自然违背,或与神灵授意的事物毫无关系和牵连。这便是所有事物的起源。除此之外,还存在着一种必然,它对整个宇宙有益,而你便是其中的一部分。只要是由自然而生的,而且对自然的运行有益的善,同样有利于自然所有的一切。

在宇宙中
你是怎样的一部分

每天清晨我都会给自己忠告，我可能会碰到搬弄是非的人、背信弃义的人、嚣张跋扈的人、狡诈欺骗的人、嫉恨诋毁的人、古怪凶横的人。他们有如此性情是因为他们善恶不分。而我，既然知道美是善的本性、丑是恶的本性，明白那些走上歧路之人的本性，与我的本性并无二致，都是出自同样的血统根源，并且具备同样的理性与神性，那么那些人中的任何人都不可能伤害我，因为他们谁也无法将丑恶强行施加给我，而我也不会对有着同样血统根源的人心生怨愤与憎恶，因为我们是为协作而生，就好比两只脚、两只手、两个眼睛、两排相互咬合的牙齿那样。所以相互之间加之以恶是有违天性的，怨愤与憎恶就是彼此违逆天性的产物。

无论我是什么人，都无非是由肉体皮囊、少许灵气与支配理性组合而成的[1]。把手里的书放下吧，不要因为它们而迷惑，那是不应该的。你现在就好像走在通往死亡的道路上，藐视那肉体皮囊吧，它不过是由污血、经络、肌肉、气管、血管共同在骨架上填充织就的产物。再来看看灵气，这是什么东西？是气体，并且不是静止不变的，而是时刻被吸入与呼出。最后一部分是能够进行支配的理性。不妨这样思考一下：你如今已然垂垂迟暮，何必再去为奴为仆，何必再去克制冲动，像个傀儡一样被牵着丝线演出；也无须既对现状不满，又对未来满腹怨气。

　　神灵创造的万事万物都散播着神的旨意，命中注定的万事万物也并不与自然违背，或与神灵授意的事物毫无关系和牵连。这便是所有事物的起源。除此之外，还存在着一种必然，它对整个宇宙有益，而你便是其中的一部分。只要是由自然而生的，而且对自然的运行有益的善，同样有利于自然所有的一切。宇宙依靠变化而运行，这里不仅包括各类基本元素自身的变化，还包括元素组合而生成的产物的变化。假如这些知识能被当成准则，那么希望它们对你而言够用了。丢掉对书籍的渴盼吧，这样你才不会在满腹牢骚中死去，而是欣喜、愉悦地离开人世间，心中满

1　这是斯多葛派的观点，认为这三部分构成了人。

怀对神灵的感恩。

你好好反省一下吧，你虚掷了多少光阴，神灵给了你多少次命中注定的机缘，可你却没有好好把握住它们。现在的你应该认真地思考下，在宇宙中你是怎样的一部分，宇宙的管理是怎样令你消失湮灭；你所拥有的生命是有限的，倘若不好好地把握住，让自己变得清醒，那机缘将稍纵即逝，你终将走向死亡，机缘也会就此消逝。

对于需要完成的事情，无论什么时候都要坚忍又果决地、认真并严肃地、自由而热情地、精准且公正地去完成，就像罗马人那样，抛除内心一切杂念。假如每一件事情你都能将其当成生命里的最后一件事情去做，摒除所有的轻忽大意，避免被不理智的情绪激动、虚假、自私以及认为命运不公的抱怨所掌控，你就能做到那一点。那时你就会知道，一个人想要如神灵那样幸福地生活，其实并不需要很多东西；你要明白，对于遵守那些准则的人，神灵们[1]是不会对其索求更多的。

你放纵了，你放纵了自己的灵魂。你再也没有令自己光荣的机会。你需要明白的是，所有人都只能活一次，当你自己不珍惜爱护自己，而是等待着别的灵魂赐予你幸福

---

[1] "神灵们"用的是复数形式，体现了斯多葛派泛神论观点。

的时候，你的生命就已经走上了绝路。

你因为那些外界的事物而感到心烦意乱吗？让自己的脚步慢下来，在闲暇时光里对善做一些研究吧，切莫再让自己盲目地陷入举棋不定的困局中。但同时也不要忘了警惕另一种方式的举棋不定。你得知道，生活中多的是浑浑噩噩混日子的人，他们没有人生目标，各种鸡毛蒜皮的琐事将他们折磨得心力交瘁，因为他们没有把自己所有的欲望与思想全部投入已定的目标上。

不留心体察他人心灵活动的人，未必会变得不幸；但对自身的心灵如何毫不关心的人，必然是不幸的。

这些应该被永远记住：何谓整体的本性，何谓个人的本性，整体的本性与个人的本性有何关联？作为整体本性中的一部分，个人的本性是怎样的？这个整体本性又是怎样的？既然个人的本性是整体本性的一部分，那么永远没有人能够阻拦你跟随整体去说话与行动。

正如时常有人将各种过错放在一起进行比较分析那样，泰奥菲拉斯特斯也在这些方面进行了对比研究，他还像真正的哲学家那样得出了一个结论，那便是，相较于因愤怒所造成的过错，欲望所造成的过错更令人憎恨。原因在于一个人产生愤怒的情绪往往是因为他遭受了某种痛苦或是因为内心饱受压抑，进而心性大变。但如果一个人在欲望的驱使下造成了过错，那这个人便是欲望的俘虏，是一个缺乏自我克制能力、没有强大内心的人。之后，他又如一个哲学评论家那样准确地表明，因为对快乐的追逐而导致的过错比因为遭受了痛苦而犯下的过错更恶劣。总体而言，后者往往是人先遭受了不公平的待遇，而且因为不公平的待遇产生了极大的痛苦，以致不得不发泄愤怒；前者却完全是在个人欲望的驱使下胡作非为，所作所为都只是为了满足自身的欲望。

像一个濒临死亡的人那样去对待所有的事情，注意所有的言辞，思考所有的问题吧。假如神灵们是真实存在的，那死亡就不是什么可怕的事情，因为神灵们会让恶远离你；假如神灵们并不存在或他们并不关心人类的生活，那对我而言，生存在荒芜的宇宙里还是生存在没有神灵统治的人世间，又有什么区别呢？不过神灵们是确乎存在的，他们对人类的生活也确乎是关心的，而且为了让人类不至于陷进真正的恶，他们赐予人一切方法；假如还有一种事物存在，它让人不会趋向于更恶，那它怎么会让人的生活趋向于更恶呢？宇宙的本质并不会因为无知而被忽略，也不会因为没有维护和调校这一切的能量而致使其停止发挥作用；在它这里，不会有因为能力与技术的欠缺而产生的巨大失误，以致让善与恶混杂在一起，同时降临在善人与恶人的身上。但是生与死、荣与辱、乐与苦、富与穷，所有这一切是会同时降临在善人与恶人身上的，它们自身既不属于美好的事物，也不属于耻辱的事物。因此，它们既非善，也非恶。

所有东西都会
走向消亡

　　所有的东西都在快速地走向消亡,不管是它们存在于宇宙中的载体本身,还是存活在岁月中的印记;这些东西就像所有那些可以感知到的东西一样,尤其是那些带给我们快乐诱惑的事物,还有那些令我们心生恐惧的事物,以及那些用来浮夸炫耀的东西,它们是那么卑贱,那么粗俗,那么脏污,那么脆弱,那么稍纵即逝,了解它们必须借助理性的力量。即便是那些鼎鼎有名且拥有话语权的大人物又能如何?什么是死亡?假如一个人研究死亡这件事,并且运用理性去分析,将死亡和它所表现的各类现象分开,那么他将得出这样的结论:死亡不是别的什么东西,它就是自然的一种机能;假如一个人畏惧自然本能,那他显然幼稚如孩童;当然除了是自然的一种机能外,死亡还有益于自然本身。人是如何跟神进行沟通的?借助自己的哪一部分跟神进行沟通?人的这一部分又是怎样跟神进行沟通的呢？

还有比这更可怜的事吗？有的人居然想要将所有的一切都研究得很透彻，就像有的人号称"连埋在地下的东西都要深入地研究"那样，还要以推敲猜测的方式来研究邻居内心的想法，但是他却不知道，其实只要对自己心里唯一的神倾情投入，虔诚信奉，这便足够了。信奉那位神灵，保持纯洁的信仰之情，不轻忽草率，对神灵与人类给予的东西知足和珍惜。因为神灵们给予的东西存在其优越性，值得被敬仰，而人类给予的东西因为同为一类而令人倍感珍惜，虽然因为他们善恶不分而在一定程度上使人觉得可怜，但这种分辨不出善恶的缺点跟分辨不清黑白是一样的。

即便一个人拥有三千年的寿命，甚至三万年的寿命，你依然要知道，人所失去的恰恰是他正在经历的生活，而非别的什么东西；他正在经历的也恰恰是他正在失去的生活，而非别的什么东西。所以永恒的生活与瞬间的生活并没有什么区别。实际上，此时此刻对每一个人来说没有什么区别，正在流逝的时间也是一样的；失去的也不过是这一刹那而已。一个人不会同时失去过去与未来，因为倘若一个人没有那个东西，又何谈失去它呢？所以我们需要记住以下两点：一是万事万物同宗同源，循环往复，一个人在一百年里、两百年里或者在永恒的时间长河里所看到的事物其实是一样的；二是寿命长的人和寿命短的人失去的东西并没有什么不同。我们需要明白的是，会被夺走的只有此时此刻，失去它是命中注定的事情；假如一个人只拥有此时此刻的生活，那他并未拥有的东西就不可能被夺走。

一切都是观念。据说这是犬儒主义者摩尼穆斯提出的观点，这个观点的含义并不深奥难懂；提出这一观点的用意也显而易见，只要有人能从中了悟它的真正内涵。

人的灵魂会给自己带来伤害，尤其是在灵魂已经变成脓包，并且在宇宙的时空里自由发展成为毒瘤以后。你要明白的是：第一，埋怨某件事情的发生是违背自然本性的，原因在于万事万物的特性就存在于它的一个部分之中；第二，心怀愤恨者的灵魂往往因为讨厌某个人，或想要对某个人造成伤害而表示反对；第三，当快乐或者痛苦成功俘虏了灵魂时，那灵魂会给自己带来伤害；第四，虚伪地、违心地去处理或讲述某件事情，是遮掩自己的一种手段；第五，听任自己的心愿去做每一件事情，没有什么目标，也不做任何思考，做不到始终如一，然而哪怕是去做最不起眼的小事，也应该把它会产生的结果考虑进去。按照邦国与政体的理性和法律行事，是理性主义者的终极理想。

人的生命长度是一个节点，存在是流动变幻的，知觉是混沌不清的，构成肉体的组合物是脆弱易腐的，灵魂是回环盘旋的，命运是神秘莫测的，声名地位是不可信的。总的来说，肉体的所有东西就如河流潺湲，灵魂的所有东西如梦似幻；人的一生像是一场战斗和一个停泊的客栈；声名地位在人死后便不会有人记得了。那么，还有什么可以用来指引我们的人生呢？只有哲学。哲学能为我们内心的神灵提供庇护，让它不被侮辱，不受伤害，哲学的力量比愉悦与痛苦更为强大，它不会不假思索地草率行事，不会欺瞒哄骗，不会矫饰虚伪，它随性于别人所做的或者不做的事情之中；对所有已经发生和注定发生的事情坦然接受，就好像它们是伴随着人自身的起源而起源的一样；最后以愉快的心情恭候死亡的降临，仿佛那并非什么特别的，而不过是每一个生命体构成元素的分解仪式罢了。假如元素本身在从一个事物绵延不绝地变成另一个事物的过程中并没有任何损耗，那这样的分解与改变又有什么可在意的呢？因为那是顺应自然规律的，顺应自然规律的事物没有什么是恶的。

作于卡尔努图姆[1]

---

[1] 卡尔努图姆，指如今的匈牙利，大约在171—173年日耳曼战争时期，马可·奥勒留曾经在此地驻跸。

第 3 卷

假如你可以在生活中找到比公理、真谛、克制、勇气……总之,那些比你出于理性驱使而实现的理智处事更有自我满足感的东西,或是那些比你分享命运毋庸置疑地给予而使你更有自我满足感的东西——我的意思是,假如你可以找到比那些更好的东西,那你就全身心地去奔向你找到的最好的东西,享受它们带给你的一切吧。

顺应自然规律
而生活

除了应该想到生命每一天都在流逝，剩余的会日益减少之外，还应该要想到的一点是，即便有些人的寿命很长，但也无法得知他是否可以保持足够的能力去观察和理解神灵与人间的事物。要知道，当一个人开始糊涂、昏庸时，那么，即便他还在呼吸，还会进食，还有想法和欲望，也没有缺失别的方面的东西，但对于那些需要勤加训练才会保持的思考能力，比如对身体的运用，对自己应尽责任的准确认知，对观察到的各类事物的明确分析以及对离开人世的恰当时机的把握等，都在逐步衰退。所以抓紧时间是应有之义，这不仅是因为所有人都在奔向死亡，还因为认识与理解事物的能力也在消退。

有些事物是顺应自然规律而产生的事物的附属品，对这些附属品也应该仔细去观察，因为它们身上往往包含某些令人愉快的因素。比如烤熟的面包可能会裂出缝隙，虽然从某种程度而言，那些缝隙的出现有违面包烘焙师的初衷，但它们的存在却能给食欲带来一种微妙又神奇的刺激作用。成熟了的无花果也会裂出缝隙。油橄榄成熟后，内里熟透的部分甚至会有些腐烂，但这种腐烂却会让油橄榄的果实有种别样的美味。稻穗垂身低首，雄狮蹙紧眉头，野猪嘴流白涎，还有很多别的类似的事物，如果作为独立的个体被人去观察，这些事物看起来并不美观，但是因为它们在顺应自然规律而产生的事物身上附着，因此成了那些事物的装饰点缀，反而能打动人心。

因此，倘若一个感知敏锐的人，他对整个宇宙的产物有着非常深刻的体悟，那么附属于宇宙的产物而生的事物，也一定会给他带来独特的愉悦感。这类人欣赏动物张开血盆大口的时候产生的愉悦不低于他们欣赏画家或雕刻家所描摹展示的艺术作品时的感觉；他们有着犀利的洞察眼光，能够看到老年人身上的成熟之美，还能看到青年人身上的青春之美，以及很多别的类似的事物。那些事物并不能吸引每一个人，却会使这些对自然及其产物有着深刻体悟的人深深着迷。

希波克拉底斯挽救了很多病人的性命，却没能从病魔手中挽救自己的性命。擅长占卜的卡尔戴伊人预言了很多人的死期,却也不能让自己逃脱死亡的命运。亚历山大、庞贝、盖乌斯·尤利乌斯·恺撒曾经如家常便饭般地以战火毁灭一座座城池,用战争杀死不计其数的骑兵与步兵,他们最终也都与世长辞。赫拉克利特曾做过深入的研究,认为宇宙将在一场大火中毁灭。但他最终因为身体里满是水,用牛粪涂满全身后死去。德谟克利特被虫子咬死,而苏格拉底也被另外一种"虫子"谋害了性命[1]。

所以,这一切意味着什么?你踏上了生命之舟,舟远渡而行,如今已经抵达了彼岸[2],那就上岸去吧。假如那意味着开始另一种生活,那么,一定会有神灵关照着那里,使其不至于荒凉;假如那意味着进入人事不知的状态,那么,人世间的痛苦与欢乐便无法再支配你,你也不用再做那卑污皮囊的奴仆,比服徭役还辛苦。要明白,一个是神明与智慧的结晶,另一个是血污与泥泞的结合。

如果不牵涉公众利益,那就不要把你剩余的生命时光浪费在琢磨别人的事情上。要知道,当你去琢磨某个人在做什么事情,他为什么会去做那件事情,他在说什么话,

---

1 苏格拉底(公元前469—公元前399年),古希腊哲学家。被雅典法庭以创立新神对抗传统的神、败坏青年等罪名判处死刑。这里的"虫子"指控告他的人。

2 古埃及人用"彼岸"形容人死亡后到达的地方。

在打什么主意，在谋划什么东西等各种类似这样的问题的时候，那你就没有精力和时间去顾及别的事情，故而导致那些事情偏离你能够观察掌握的轨道。

所以不要执着于去思考那些徒然的、没有任何意义的东西，尤其是不要带着猎奇与恶意的揣测去那样做；要习惯于只对某些事情进行思考，在面对别人毫无征兆的问询如"你在想什么"的时候，你要能够毫无保留地脱口而出你此时正在思考的东西，而且你的答案应该是直截了当又清晰明了的，所有的东西都是毫无遮掩与恶意的，你能与共同生活的人打成一片，不追求享乐或者任何感官上的刺激，不热衷于攀比、嫉妒、猜忌，或是在脑海里思考那些羞于启齿的东西。

实际上，这种人争取成为优秀者的一员，完全能够胜任祭司与神灵侍者的身份，原因在于他热切地希望依照心中的神性理事，那种神性令他免于遭受一切逸乐的侵蚀，不用经受任何痛苦的戕害，不会被他人羞辱，不会被邪恶玷污；真正高尚竞技赛中的竞技者，无论何种激情都无法将其煽动，只有正义能使他深受感染，让他全身心地去迎接业已发生的事情和所有给予他的东西，只有在关涉重大公众利益的时候，他才会去了解别人是怎么说、怎么做和怎么想的。因为对这类人来说，除非事情关乎他自身，否则他不会将其纳入自己的考量范围之内。对于命运给予他的那部分，他会反复思量并且努力把它们打造得趋于完美，他深信命运给予的是完美的。要知道，所有人被给予的命运既会伴随他而生，又会裹挟他而去。

他也要铭记，每一个以理性支配行为的人都是同类，对每一个人都报以关心是人的天性使然；不用对每一个人的意见都听从，只需要听从那些顺应自然规律而生活的人的意见。那些不顺应自然规律而生活的人，他们的居家生活是怎样的，外出生活是怎样的，白天的时候与晚上的时候生活又是怎样的，他们在跟一些什么样的人来往，这也是他需要铭记的。那些人甚至自己都无法让自己满意，所以对于那些人的赞许他是不会在意的。

按照自己的心意去做选择

不要去做违心的事情,不能置公众利益于不顾,行事不可草率鲁莽,也不能半途而废,无须用华丽的辞藻去点缀你的思想,不可言语啰唆,惹是生非。遵从来自你内心的神灵的指引,如一个具备真正男子汉气概的、一个思想成熟的、一个服务大众的、一个具有罗马精神的、一个富有领袖气质的、一个坚守本职的人那样,时刻听候召唤,随时可以放弃生命,既不需要发誓强调,也不需要什么证人证明。心情保持愉快,既无须借助他人的力量,也无须他人赐予才能获得安宁。应该依靠自己的力量挺直站立,不需要别人来扶持着站直。

假如你可以在生活中找到比公理、真谛、克制、勇气,总之,那些比你出于理性驱使而实现的理智处事更有自我满足感的东西,或是那些比你分享命运毋庸置疑地给予而使你更有自我满足感的东西——我的意思是，假如你可以找到比那些更好的东西，那你就全身心地去奔向你找到的最好的东西，享受它们带给你的一切吧。

假如你认为没有什么东西能比得上潜藏在你心中的神灵，那么你所有的欲望都将受那神灵的驱使，他会细致地审察一切思想，就像苏格拉底说的那样，摒除感官方面的蛊惑，令你对神灵充满敬畏之心，对人类充满关爱之情——假如你认为他比其他所有的东西都伟大，都更有价值，那就不要再允许另一个神灵来占据你的内心了，因为只要你开始偏向其他东西，那你对那种特殊的善的敬意将会无以为继，对你自己的善也将不再信仰。要知道，任由那些东西，比如他人的夸奖赞扬、权力地位、享乐或财富，与顺应理性的、城邦群体的善进行对抗是不应当的。虽然从某种程度而言，那些东西也能满足我们的需要，但是它们会悄无声息地在我们心中占据主导地位，将我们引向歧路。

这就是我为什么说你要按照你自己的心意直接去做选择，去选择更好的东西并且坚持这个选择。也许你会这样说："对自己有利的才算是好的。"假如那个东西的有利是对一个有理智的人而言的，那它就值得你去保持，不过，假如那个东西的有利是对动物而言的，那它就应该被杜绝，此外，你还要不自满地坚信自己的判断。不过需要强调的一点是，你的研究需要建立在可靠的基础之上。

不要将那些可能致使你背信弃义、寡廉鲜耻、仇视他人、猜忌、咒骂、伪善和追求那些需要藏匿于危墙之下或是遮掩于帷幔之中的事情看作是对你有利的东西。要知道，那些更看重自身的智慧和神性，也更敬重自身德行的人，不用在悲剧中扮演角色，不会在痛苦中沉郁叹息，无须独处一隅，也无须热闹喧哗，尤其是他对生活既不会过度追求，也不会刻意回避。至于他的躯壳能够容留他的灵魂的时间是长一些还是短一些，他对此并不关心；如果到了需要他离开的时候，他会立即轻松地离去，就像他做其他的事情那样，谦逊而有条不紊。时刻注意自己的思想绝不背离做一个有智慧的、顺应城邦群体要求的人，这是他一生中最关心也是唯一关心的一件事。

在一个历经克制与净化的人的灵魂里，你不会看到任何污糟的脓肿，也不会看到任何的腐烂。他的生命不会欠缺圆满，因为命运注定要把它带走，就像别人所说的，扮演悲剧角色的演员还没完成自己的戏份就在演出还没结束时提前谢幕那样。除此之外，他的身上没有甘为他人奴仆的懦弱个性，也不对自身做任何伪装掩饰，不对他人依赖，也不拒人于千里之外，他不惧怕追查审视，也不用躲藏遮掩。

对你的思维能力保持敬重。正是由于它的功劳，让你能够由理性支配行为，以至你所有的意见都能够顺乎自然规律，还能够合乎理性动物的构造。它可以令你处事冷静，为人友善，对神虔诚。

其他所有的东西都抛开，抓住上述几个重点。你还需要铭记，所有人都不过是在当下这一极其短暂的时间里存活于人世间，过去的时间已不可追，将来的时间尚不可及。事实上，人的生命短如蜉蝣，人的寄生之处也不过是浩瀚地球中的一隅；哪怕是有着流传千古的声名也没什么意义，那些声名凭借着生命短暂的可怜的人们一代代口耳相传，这些人甚至对自己都不见得很了解，又怎么会了解以前逝去的人们呢？

对以上那些言论还需要补充说明一点，那便是永远要明确与定义那些存在于想象空间的事物，这样才能够将其赤裸裸的真相看得清清楚楚，然后再自己考虑它的名字，考虑组成与分解它的那些事物的名字。

要知道，对生活中每一件可能发生的事情进行全面又深刻的研究是培养崇高心灵的最好手段，要坚持从这些角度出发对它们进行审视与观察：宇宙是一个怎样的存在？这样的事物为什么能够存在？它们的存在对于宇宙这一整体以及最高城邦的人这一群体[1]有什么意义？别的城邦就像一家人居住的屋宇，都隶属于最高城邦；此刻什么东西让我印象深刻？它的组成成分有哪些？它还能存活多久？它对我的德行有什么要求，比如亲善、勇毅、真切、诚实、质朴、知足等德行。

所以，不管在什么场合，一个人都应该表明：这是神灵的赐予；这是命运之梭的编织与牵引，以及如此的机缘与巧合；这是因为我的宗族、亲朋或好友，他不清楚什么是合乎自然规律。但是我清楚，因此我应该以朋友关系及合乎自然规律的法则来公正地善待他；与此同时，面对那些善恶不明的事物时，我仍须对它的价值进行判断。

假如你能在正确的理性的指引下行事，严谨慎重，立场坚定，仁爱慈善，不在别的不值一提的小事情上分心，能够始终保有自己内心神灵的圣洁，就像此时就要将其归还给神灵们一样；假如你处事能够做到无所期望、无所顾忌，对当下合乎自然规律的存在感到满足，每一句话都能做到如英雄般不掺任何虚假，那就能生活得美好。任何人也不能阻挠你过那样的生活。

---

[1] 斯多葛派认为宇宙是一个整体，宇宙中每一个人都是这个宇宙（就像城邦）中的公民。

就像医护人员的手边随时都准备着医疗器械与手术刀剪，以防随时可能出现的医疗救治需要，你也要有那种应用于实际的自觉，用来审察人间世界与神灵世界的事物，每做完一件事情，哪怕那件事情再微不足道，都要牢记两者[1]之间的相互联系。要知道，假如理解事情的时候不关联神性来思考，就想很好地完成人间世界的事情几乎是不可能的，反过来也是如此。

不要再游移不决。要知道，你的手札很大，可能无法读到，罗马人与希腊人之间的故事也是如此，包括那些摘抄的读书笔记，那都是给你自己的老年生活所准备的。快点朝终点奔赴吧，丢弃那些不切实际的幻想，如果你还对自己有所怜惜，那就请救赎自己吧。

人们不了解什么是盗窃、播撒、购置、缄默，看出什么事情应该做，这些靠平凡的肉眼无法得见，而需要借助某种其他的视觉才能得知。

躯体、灵魂、理性：知觉属于躯体，欲念属于灵魂，意志属于理性。圈养于家庭的牛羊等牲畜也可以在想象的驱动下获得事物的形象，而任由欲念驱使像傀儡一样被牵

---

1 指的是神灵世界与人间世界。

着线演出则是野兽的行径，法拉里斯[1]与尼禄[2]就是如此。至于借助理性来指导履行显而易见的职责，那些背弃神灵、背叛国家、背地里坏事做尽的人们也可以做到。

就是这样，假如别的所有事情都是被以上提到的各种人所共同拥有，那么，一个好人的独特之处就在一点中得以体现，那就是对所有发生的事情与命运安排的一切热诚相迎。让内心的神灵不受混杂，不被各类猖狂的思想所侵扰，对神灵保持和善并顺从天命，违背真理的话不说，背离正义的事不做。哪怕没有一个人相信他的生活其实简单、质朴、欢愉，他也不会因此而生气，更不会由此而改变自身奔赴生命终点的路径，而是继续在那条纯净、安宁的终极大道上迈步向前，毫不畏惧地准备牺牲他的生命，毫不勉强地接受命运的安排。

---

[1] 法拉里斯（Phalaris），西西里残暴的统治者，以残酷冷血闻名于世，曾经铸铜牛把囚犯活活烧死。

[2] 尼禄（Nero，37—68），罗马帝王，在位13年，是臭名昭著的荒淫暴君，犯下数不尽的罪恶，最终被处以死刑，也有说是死于饿狼之口。

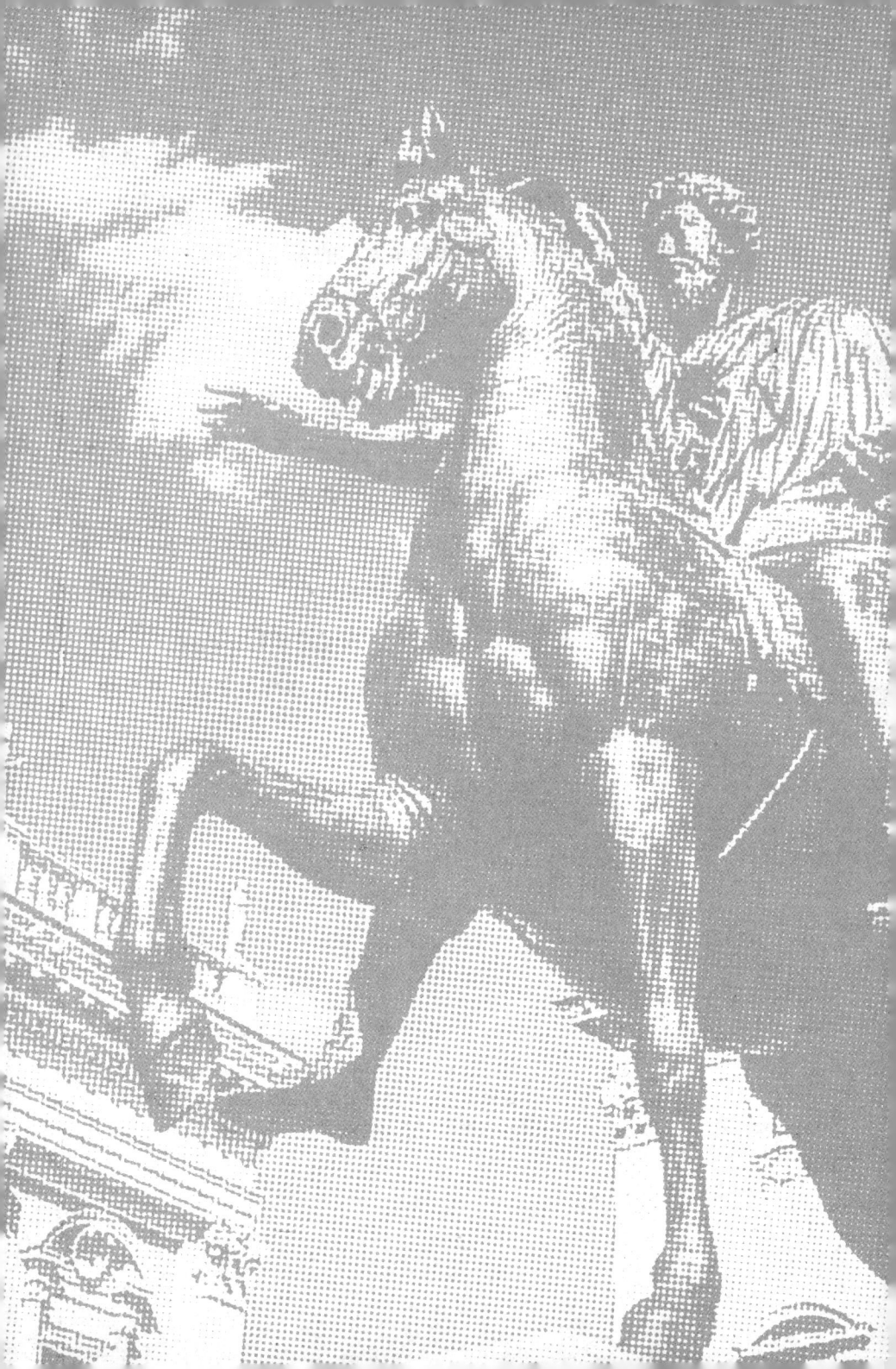

第 4 卷

假如理性是我们共同拥有的,那么促使我们成为理智动物的那种理性也是共同拥有的;假如是这样的话,那么教育我们什么事情该做或者什么事情不该做的理性也是共同拥有的;假如是这样的话,那么法制也是共同拥有的;假如是这样的话,那么我们所有的人就都是社群城邦的一分子;假如是这样的话,那么社群城邦的权利应该由我们共同享有;假如是这样的话,整个宇宙就好像一个社群城邦。

人生
就是心之所见

  当统领内心的力量合乎自然规律的时候，它能够适应所有发生的事情，无论是将来可能会发生的抑或是当下正在发生的事情，它都能够毫不费劲地适应。实际上，假如在完成目标的过程中需要剔除阻碍因素并使其转向自身，它也不需要什么特定的东西；就好像烈火能降服所有投进它的东西；如果火势微小，它可能会被那些投进它的东西所覆灭；但如果火势盛大，那它能即刻使投进其中的东西覆灭，将它们吞噬殆尽，并且借由它们的力量使自身变得更为蓬勃旺盛。

  做事情不能不考虑清楚，也不可不遵守纪法规则。

  人们时常向往归隐田园的生活，想去田野乡间、无垠海边和静谧山林里过日子，曾经你也想要过那样的日子。但是这种想法是极其鄙俗的，因为其实你的心灵随时能够接纳你的归隐。要知道，没有比内心还清净、悠闲的所在了；尤其是当有归隐需求的时候，只要稍微静心凝神，你马上就能够踏入安宁之境。

我所指的安宁并非别的什么意思，就是内心的安然有序。所以，你要不断潜入内心尝试这种归隐，使自己焕发新生。你心中秉持的原则要简单且坚定，只要遵循它们，就能够即刻扫除所有的苦恼，再次回想起它们的时候也不会觉得厌烦。

什么东西令你感到厌烦？是人吗？你要这样去想：理智动物是因为彼此依赖而存在的，公正的一部分内容是忍耐；犯下过错也不是人的初衷；试想一下，有多少人深陷于仇恨、猜疑、憎恶的旋涡中，彼此兵戎相见后终成尘土，然后你就能让自己的心安定下来了。

不过你是不是不满于整个宇宙分配给你的份额？你不如想一下关于宇宙组成的两个设想：要么是因为神的意愿，要么是因为原子。其中一种观点认为，宇宙就像一个社群[1]。不过也可能是身体方面的原因总让你困扰？那你就这样去想，理性只要回归本位，意识到自身的力量，就不会跟神性相混淆，不管那神性是和缓的，还是激进的。你

---

[1] 指的是古希腊人的政治社会组织结构，可以将其理解为世界城邦。

再回想一下，曾经听说过的那些关于快乐与痛苦的各种传言，让自己的内心安定下来。

或者是不是因为声名的原因让你改变了立场？你要明白，所有的东西很快就会被忘记，不管是一辈子没有经历过的先后时间的混沌，不协调的空洞，还是溢美之词的杂乱，限定区域的褊狭。要知道，广袤大地也只是一个点，那我们生活的地方又该是多么狭小的一个角落？这里可以容纳多少人居住？一些什么样的人会赞美你？

因此，你最后需要铭记的是：在你自己内心的小世界中归隐而居，不要分散精力，也不要过度绷紧，要从容淡定，像一个男人，一个人，一个居民，一个终会死去的生命体那样去处理事情。在你低头就能信手拈来的准则中，要尤其关注两点：一是客观事物跟灵魂没有关联，而是在外界与自然相互适应，所有的烦恼都源于内心；二是你看到的所有东西都在不停地变化，你要记住你所看到的因素的变化。

宇宙就是物之变化，人生就是心之所见。

假如理性是我们共同拥有的，那么促使我们成为理智动物的那种理性也是共同拥有的；假如是这样的话，那么教育我们什么事情该做或者什么事情不该做的理性也是共同拥有的；假如是这样的话，那么法制也是共同拥有的；

假如是这样的话，那么我们所有的人就都是社群城邦的一分子；假如是这样的话，那么社群城邦的权利应该由我们共同享有；假如是这样的话，整个宇宙就好像一个社群城邦。

要知道，这是所有人类都参与其中的共同的社群，因此，这个共同拥有的社群城邦就是我们身上所具备的理性、本能、理智本能与法律本能的来源；或者它们又可以来自何处呢？要知道，就像某种土的元素分解构成了我身体里土行的特点，某种火的元素分解构成了我身体里火行的特点，某种水的元素分解构成了我身体里水行的特点，某种气息分解构成了我的呼吸，某种特别的根源分解构成了热与火（因为万事万物都不能从无中产生，万事万物也不能终归于无），因此，理性也有它的根源。

死就像生，是一种自然法则，几类元素聚集在一起，又分解成那些元素。总而言之，死亡绝对不是什么引以为耻的东西，因为它既不违背理智动物的本质，也不违背它构成的理性。

那样的人定然会做出那样的事情。假如你祈望不是那样，那就好像祈望无花果这种树不分泌浆果汁液一样。总而言之，你需要牢记，你与他都会在很短暂的期限内走向死亡，过不了多久你们的姓名也不会再留存于世间。

把你的想法丢掉，也就把"我被伤害了"的想法丢掉了，把伤害丢掉了。

任何事情，如果不能让一个人变得比原本的他更坏，那也不会让他的生活变得比原来的生活更坏，也就不会从内部或外部对他造成伤害。

有利的本性促使人做有利的事情。

要把所有事情看作是公平公正的。你如果细心观察，就会发现事实正是如此。我的意思是无论从发生的先后顺序来看，还是按照公义而言，仿佛那是由哪个分派者按照每个人应该分得的份例所分派的。

所以，你需要像最初那样时刻留心，无论做什么事情，都要胸怀一个好人应持有的那种心意去处理，那样才能算是一个真正的好人。不管做什么事情都要坚持这一原则。

遇事不要秉持伤害你的那种人所秉持的观点，也不要秉持他希望你秉持的那种观点，而是应该探究事情本身，依据事实做出判断。

这两个要求应该时刻准备执行：第一，只做两件事情，统领一切按照法律的理性规定能够对人类有利的事情；第二，如果有人能够纠正你的观点，令你的观念发生转变，那就做好随时转变观念的准备。但是这种观念的转变一定是被类似公平的或者对公众利益有帮助的观点所劝服,而且应该只能是被这样的观点所劝服,而不能是因为那个观点会使人感到愉悦,或者能够彰显名声。

"你是理智动物吗?""我是。"那你为何不让你的理性运转起来呢?要知道,理性一旦发挥效用,你还会需要别的什么东西吗?

你作为整体的一部分存在着。在你的来源之处,你终将消散回归。历经万千变化,复位返归于那初始起源的理性。

祭祀的神坛上积聚着很多香灰,它们有些是先掉落的,有些是后掉落的,但是没有什么区别。

不超过十天,那些此时将你看作与野兽和猿猴无异的人,就会将你视若神灵,如果你可以迷途知返信奉这些原则和崇敬理性的话[1]。

请别以似乎能活上千万年的状态活着。你的命运早已注定,趁着还没死去,趁着还有机会,做个好人吧!

当一个人不留心在意邻居在说什么,做什么,想什么,而只关注自己的所作所为是否正义与合乎自然规律时,那他的生活该有多么惬意啊!应该这样说,品格高尚

---

[1] 这是希腊的谚语:要么是神灵,要么是野兽。

的人不会对别人的隐私习惯进行窥视打探,而是"目不转睛地只专注于自己的目标"。

那些执着于追求死后的好名声的人是否想过,所有记得他的人,包括他自己都会很快走向死亡,后辈继承者们也会很快走向死亡,直至所有的记忆因为中断的联想与湮灭的辉煌而彻底消逝。哪怕那些对你有记忆的人是长生不死的,那些记忆也是不会消逝的,但这对你来说又有什么意义呢?且不说对于死去的人,只说对于存活于世的人来说,只在统治国家有需要的时候才会提起你,这种歌颂又有什么意义?当下的你不重视自然的恩赏,却看重他人对你的看法,这是不应当的。

所有具备美的特性的东西本来就是美的,而且它们往往令自我感到满足,并不把他人对自己美的称赞当成自己的一部分。

实际上,赞美不会让事情变得比原先更好或者更坏。我觉得,这一道理对于那些经常被人们公认为美的事物同样适用,比如那些物质的东西,那些工艺品。真正的美需要额外的加成吗?并不需要,就像法制,就像真理,就像善良与谦逊,它们都不需要。这些东西有哪个是因为获得赞美才变美的,或者是因为不被赞美而变得不美的吗?其实,哪怕翡翠没有获得赞美,它会因为这个就变得不美了吗？黄金、象牙、华袍、竖琴、利剑、野花、小树，这些会因为没有获得赞美就变得不美了吗？

假如灵魂是不灭的，那在经年累月之后，大气是怎样调配出灵魂存续的空间的？同样的道理，在经年累月之后，大地又是怎样调配出亡者的躯壳埋葬的地方的？实际上，就像尸体过一段时日后就会腐烂，以此来为后来的躯壳腾地方一样，灵魂在大气里游离一段时日后也会发生变化，直至最终分解，融入宇宙的理性起源而升腾，以此来为后来的灵魂挪腾出空间。这个就是针对灵魂不灭这一假说所做出的答复。

纳入我们考量范围的除了那无数被掩埋于地的尸体，还应该包括每日被我们与别的动物吞入腹中的生物。

实际上，这类生物的数量是非常庞大的，而且就此被埋葬在吞食者的身体里。它们不会有空间匮乏的问题，因为它们会被你融成血，之后又会自血变化成气，直至变化成火。

根据这种情形，我们掌握了研求真理的知识——辨别物质因与形式因。

不要摇摆犹豫，要做到让自己的每一个行为都合乎公义，对每一个印象都用心体悟。

宇宙啊，所有的一切只要是跟你相和谐的，那也是跟我相和谐的。所有的一切只要是跟你相适合的，那对于我来说，也不会太早或太迟。自然啊，你在每个季节馈赠的果实，都是让我享受的；所有的一切只要是诞生于你那里的，成长于你那里的，最终都将回归于你那里。有人说："亲爱的基克罗普斯之城。"你为何不说："啊，亲爱的宙斯之城！"

永远走
最接近真理的道路

哲人有言:"如果你想要获得心灵的平静,那就少做点事情。"[1]

必须要做的事情才去做,因社会群体的理性要求需要做的事情才去做,而且还要按照规定去做,这样难道不是更好的做法吗?要明白,宁静的心境不仅可以通过恰当行事,还可以通过精简行事来获得。实际上,我们说的话、做的事多数时候都不是必需的,假如有人能做到将那些不必要的言行清除干净,那他的生活就能变得更为悠闲、更为宁静。

所以,每个人在做任何事情的时候都应该暗中警醒自己:这件事情是不是非做不可?我们不但应该做到不必要

---

[1] 这是古希腊哲学家德谟克利特的名言。

的事情不去做，还应该做到不必要的想法不要有。到那时，被清除的事情就不会再进入我们的生活之中了。

试着让自己像一个高尚的人那样去生活，也就是说去过对宇宙给予自己的部分感到知足、对自己合乎公义的行为与包容的心态感到满意的那种生活。

你已经注意到那些问题了吗？那现在来注意一下这些问题吧。不要庸人自扰，要让自己的生活尽量质朴。有人做了错事吗？那他是在自己那里做了错事。你碰到什么难题了吗？那挺好。那是宇宙运行之初就给你设置好的，命运早就对你所遇见的一切事物做好了安排。总而言之，人生苦短，应该在正确的理智与公义的指引下过好当下的生活，在放松中保持克制。

宇宙或许的确是被支配的，也或许是由物质混合堆砌而成的，但依旧是有其秩序的。当整个宇宙是由各种相互离析、相互逸散、只由共振联系彼此的事物构成的无序体时，你心中还会有秩序的存在吗？

假如一个人对宇宙间的所有东西一无所知，那他就不是这个宇宙中的人。假如一个人对宇宙中发生的所有事情一窍不通，那他也不是这个宇宙中的人。

躲避社会群体理性的人是叛徒；不睁开理智之眼去洞察生活的人是盲人；所有的生活必需品都不能依靠自己的

力量获得,需要他人帮忙的人是乞丐;因为不满于发生的事情,违背与抛弃合乎自然规律的公众意志的人是毒瘤,因为那些事情是在自然规律的作用下发生的,你也由此而诞生;从完整一体的公众理性灵魂中剥离下自己灵魂的人是自绝于城邦社群的人。

第一个人没穿短袍,在研习哲学;第二个人没有书籍,在研习哲学;第三个人半身裸露,他说:"我没有口粮,但我依然坚守理智。"我也不是要用知识换取粮食的人,只是为了坚守理智。

那手艺或许很低贱,但那是你经过学习而掌握的,你须珍视它,还要对那种手艺欣然接纳。

要像一个将自己全身心都献给诸位神灵的信徒那样,既不残暴地奴役他人,也不让他人奴役自己,就那样过完自己的余生。

请花点心力去回想一下维斯帕西安时代,你就能看到所有的事物:婚嫁、生娃、患病、死亡、战争、节日、商贸、耕种、奉承、自夸、猜忌、算计、诅咒一些人死去、哀叹自身的遭遇、恋爱、贮藏、渴求获得行政长官的职位与统治者的地位。但是在任何一个地方都没能看到他们的那些生活留下的任何一点印记。

不如再去回想一下图拉真时代,情况也没有任何的不同。那个时代的生活也已消逝而去。同样还可以再去看一下其他时代与其他民族的记载，看看有多少竭力奋斗的人，没过多久就会倒下，死亡，分离为元素。不过，你认识的那些人才是你最应该认真回想的，那些人对虚无缥缈的东西孜孜以求，对贴合他们自身构造的东西却毫无兴趣，对它们既不坚持也不守护。这一点你务必要牢记，那就是要适度与恰当地去关注一切事物。要明白，在面对那些不重要的事情时，唯有做到不过度地或者说是恰到好处地对待，你才不会感到厌倦。

无数曾为人所熟知的词汇如今都已经变成了古老的术语。同样的事情也发生在那些被传颂一时的名字上，那些名字曾经被人们不断歌颂，但如今就某种程度而言，已然成了过去的事情，像卡弥卢斯、凯索、沃勒苏斯、顿塔图斯，以及后来的斯基皮奥、卡托，再后来是奥古斯都、哈得利安以及安托尼努斯。要明白，所有的事物都将迅速走向衰亡，变成传奇，之后又迅速、彻底地被忘记。前面我们所提及名字的那些人，没有一个不是使人惊叹的煊赫一时的人物。至于别的人，在他们的最后一口气吐出来的时候，他们便就此消逝了，毫无声息。什么又是永恒的记忆呢？根本就是虚空。

既然如此，那什么东西值得我们去全力追寻呢？那就是公正的思想、友善的行为、诚实的言语，以及将所有发生的事情看作是必然的、熟识的，是发源于同一个地方的水流。

自觉自愿地把自己的命运交给克洛托[1]吧，由她来编织你的故事，纺织你的人生。

无论是铭记他人的人还是被他人铭记的人，都不过是旋生旋灭的人。

要对所有的事物保持观察的习惯，它们都是从变化中诞生的；要保持思考的习惯，热衷于让所有现存的事物处于不断的变化之中，并产生类似的新事物，这是宇宙的本质。

要明白，所有存在的东西都可以看作是种子，由其而萌发出新生事物的种子。如果你觉得只有播撒在大地上或子宫中的才能算作种子，那你就看得太简单了。

你也终将走向死亡，可是你尚未做到朴素无华、烦恼尽去，还在担忧会受到外界的伤害，还未能做到对每一个人都亲切友善，还尚未明白理性只在于行事公正。

---

1 克洛托（Clotho），希腊神话中执掌命运的女神。传说中由三个人司职命运女神，克洛托负责编织生命线，拉克西斯（Lachesis）负责设计命运中的高低起伏，阿特洛波斯（Atropos）负责剪断生命线，结束人的生命。

观察一下支配人们尤其是那些理智的人们的理性，看看他们避讳的是什么，探求的是什么。

支配他人的理性里并没有那些在你看来是邪恶的事物，那些你认为的邪恶事物也不会伴随你身边环境的变化而发生变化。那么，哪里是它的源头呢？你躯体中诞生有关邪恶观念的地方就是它的源头。

如果没有形成这样的概念，那所有的一切都不会发生。你的身体是它的密邻，即便你的身体被割裂，被烧毁，生脓，腐朽，你也得让邪恶观念诞生之处的那部分身体保持镇定。换言之，任何一个事物都不要将其判定为善或者恶，因为它既能诞生在好人身上，也能诞生在坏人身上。既然无论是顺应还是悖逆自然规律而生活的人，身上都可能诞生它，那么它本身也就没有顺应自然或悖逆自然一说。

要保持思考，宇宙是活跃而有生机的东西，是一个具象的存在，拥有自身的灵魂；思考所有的事物如何回归宇宙的唯一感知；思考所有的事物如何在唯一的欲望驱使下运行；思考现有的所有事物如何变成一切即将诞生的事物的共同起源；思考命运的梭线是如何编织与纺线的。

就像爱比克泰德所说："你是穿戴着躯壳的卑微的灵魂。"

所有的事物都在时刻变化着,这并不是什么邪恶;就好像所有的事物也都是从变化中产生,这也并不是什么善念。

时间就像一条由所有存在的东西构成的河流,急速地向前奔涌。要知道,一个事物才刚被看见,就被河流裹挟而去;另一个事物随之被看见,又立刻随波而逝。

就像春季绽放的玫瑰,还有夏季结出的硕果,人们清楚地知道且熟悉所有发生的事情,比如患病、死去、诬陷、欺骗以及各种各样让蠢钝之人感到高兴或悲伤的东西。

后来的与先前的总是保持着紧密的关联。要知道,这不仅是某种列举式的算术,二者之间含有必然的逻辑顺序,还是一种符合规律的关系,就像所有协调融合在一起的现存事物那样,相继出现的事物不仅展现出单纯的彼此关联,还展现出某种令人惊叹的相互联系。

赫拉克利特的话要时刻牢记:"土消逝而变为水,水消逝而变为气,气消逝而变为火。"就这样不断循环往复。还要牢记:"那个不记得路径方向的人"以及"人们总喜欢跟统治整个宇宙的理性——这个人们与之打交道最为密集的东西进行辩论"。并且要牢记:"每一天碰到的事物于他们而言都是陌生的。"牢记:不应当"做事和说梦话一样",因为睡着做梦的时候我们也会说话和做事。牢记:不应当是"父母的小孩",简而言之就是"按照我们接纳的那样"。

如果有一个神灵告诉你,你明天早上就会死,或最晚后天你就会死,你会觉得不管是明天死还是后天死,这二者之间的区别并不大,除非你为人极其卑劣。要知道,这二者哪有什么大的区别呢?所以,你是在活了很多年后再死还是在明天早上就死,你也把它们看作没有什么大的区别吧!

要时时思索,多少医护人员在因为患者而愁眉不展后自己也走向死亡,多少占卜师在郑重地预判了别人的死期后自己也走向死亡,多少哲学家在无数次探究生与死的问题后自己也走向死亡,多少英雄豪杰在终结无数人的生命后自己也走向死亡,多少仿佛有不死之躯的残暴统治者在自负地对他人施行生杀予夺的权力后自己也走向死亡,多少个城市,比如赫力科[1]、庞贝、赫尔科拉鲁穆[2],以及许许多多其他不可胜数的城市整体走向覆灭。

---

[1] 赫力科(Helice),位于希腊的海滨城市,那里坐落着著名的海神庙,大约公元前500年,整座城市被海水淹没。

[2] 赫尔科拉鲁穆(Herclanum),庞贝(Pompei)古城附近的一座城市,公元79年,和庞贝古城一同被维苏威火山喷发出的岩浆毁灭。

再来看看你们熟悉的那些人，他们也都相继走向了死亡。这个人埋葬了那个人之后，自己也死去了；另外一个人又来埋葬他，然后也同样地死去了。所有的这些事情都在非常短暂的时间里发生。

总而言之，生命短暂且渺小，昨日是一片黏腻的液体，明天就会变成僵尸或化为灰土。所以，生命如此短暂，那就顺其自然地度过吧，然后心怀悲悯地终结它，就像橄榄熟透了会从枝头落下，讴歌培育它的大地，感恩孕育它的大树。

要像海岬那样，无论海浪如何冲刷拍击，它自岿然屹立，它四周汹涌的水波却终究趋于寂然。

"这样的事情竟然让我碰到了，我真是不幸。"并非如此，应该这样来讲："我的运气真好，尽管碰到了这样的事情，但并不觉得难过，我既没有被现在的境况打倒，也不会害怕面对未来。"要知道，这样的事情在每个人身上都有可能发生，但并不是每个人都会因此而觉得难过。

所以，为什么会觉得那是运气不好，而不是运气很好呢？在你看来，所有不是因为人本身而造成的失误都是由于运气不好吗？做那些事情并没有偏离人的本性，你为什么要把它们看作是运气不好的体现呢？假如做某件事情并没有与人的本性违背，那你为何要将其看作是人的本性的不幸呢？怎么样？好了，你已经清楚了本性的意图。这样的话，那些已经发生的事情是不是会成为你维护自身正义，保持宽容大度、神志清醒、心志坚定、慎重、坦诚、谦虚、自由以及那些人的本性不可或缺的东西的阻碍呢？请牢记，每当你因为某件事情而觉得痛苦的时候，你就用这个准则来应对：这件事情并不代表着不幸，高雅地承担就是幸运。

有一个灵活的藐视死亡的办法非常奏效，那就是把那些留恋着走完一辈子的人列举出来。

实际上，相较于那些夭亡的人，他们这些人又有什么额外的益处呢？最终也还是长眠于地下，像卡狄基阿努斯、法比乌斯、尤利安努斯、勒皮杜斯，以及那些和他们相像的人，他们为许多人送别，最后他们自己也成为别人送别的对象。

总之，从诞生到死亡，不过是弹指一挥间，而人的生命在熬到终点之前要历经多少苦恼？遭遇怎样的朋友？受困于怎样的身体？所以，要等闲看待生命。且去回首过往，那里是一段永恒的时光；眺望前方，那里是另一段永恒的时光。而在这二者中间，活三天与活三世[1]又有什么

---

[1] 可能指的是古希腊有名的长寿者涅斯托尔，可参考《伊利亚特》。

不同呢？

  永远走最接近的道路。最接近的道路是合乎自然规律的道路，它可以使人最为正确地说话与做事。做这样的选择可以让人摒除烦恼、竞争以及所有的投机取巧与矫揉造作。

第 5 卷

我由原因因和物质因组成,它们都不会被摧毁而消失不见,因为它们都并非无中生有的产物。所以我的各个部分都会发生改变而成为宇宙的某个部分,接着再变为宇宙的另一部分,如此无穷无尽。我的存在也是因为这种变化,我的父母也是如此,就这样后推到另一个无穷无尽。

接受命运
给我们的安排

　　早上,如果你懒得起床[1],你就随时这么告诉自己:"我现在从床上起来,一个人去上班。"倘若我生来就是为了工作,为工作而生,为工作而被引导来到这个宇宙,那我为何还要担心工作呢?还是我就是被安排成这样,以便于在被窝里取暖?"但这么做更舒适。"那么你生来就是为了这种舒适吗?总而言之,你是被动做事还是主动做事?你不是也看见那些微小的植物、小鸟、蚂蚁、蜘蛛和蜜蜂,它们是如何专注自己的工作,完成自己的工作,形成一个有序的社会的吗?然而你却不想去做人要做的工作吗?还不赶快去做遵循自然规律的事情吗?"可是你也需

---

1 奥勒留年轻的时候,生活作息十分严格。他每天很早就起床了,以至于他的老师劝说他应该向自由人学习,以保证自己有足够的睡眠时间。

要休息一下。"我承认这一点,但自然限制了这一点。自然同样也限制了饮食,但你已经超出了限度,超出了自身的需求。不过,你对工作并不这样,而是将其限制在你的能力范围之内。

事实上,你并不爱自己,不然你就会爱上自己的本性,并按照它的意愿去行事。另一些人专注工作,甚至为此忘记吃饭睡觉,感到十分疲累,这都是出于他们对自己行业的热爱。可你对自己的天性一点也不尊重,你不像雕塑家那样热爱自己的雕刻技艺,不像舞者那样热爱自己的舞蹈艺术,不像贪财者那样热爱自己的金钱,也不像虚荣者那样热爱自己的荣耀。这些人非常热爱他们的本行,真的为此废寝忘食,努力提高自己喜欢的技能。你难道认为这些技能比和社会有关的行为更有价值,更值得追求吗?

将那些恼人或不友好的印象消除抹去,接着马上进入彻底平静的状态,这将多么令人满足啊!

你应该将一切顺应自然的言行都看作是恰当的,切勿让别人的指责或批评影响你。若是在你做的或说的中有一件好事,就别认为自己做这件事不值得。你应该知道,其他人有自己的行为意图,并遵循自己的意愿。你不应该为这些担心,而应该一往无前,坚守你自己的本性和共同的理性。这两条路是相同的。

我随遇而安地经历了各种各样的事情，直到某一天我倒下，做永久的呼吸，向我每天从中吸入的地方吐出最后一口气。在那里，我父亲得到了谷物，我母亲得到了血液，我奶奶得到了牛奶，而我多年来每日被其牧养，受其灌溉，并且任意地践踏它、利用它。

人们不会对你的伶俐感到惊讶。即便如此，仍然有不少其他品质存在，而你无法说"我生来就没有这些品质"。那便展现那些在你能力范围内的品质吧，比如真诚、稳重、勤奋、不放纵、不抱怨、不贪婪、善良、独立、朴素、慎言、豁达大度。你看到了吗，有多少可以展现出来且你不能推辞说自己生来缺乏或不符合自己性格的品质，但是你却自甘落后？还是你的嘀咕抱怨、抠门计较、奉承谄媚、自怨自艾、曲意逢迎、自我吹嘘、不安沮丧，全都是因为天赋所致？请诸神作证，绝非如此。事实上，你早就可以摆脱它们了，但即便如此，你还是过于迟钝、死板。你不能忽视它，享受迟钝，而应该在这方面对自己加以训练。

有一种人，总是在帮助他人后图谋回报。也有一种人，尽管他们并不认为自己施恩必须要有回报，但内心总觉得对方欠了自己，并将自己所做的事牢记于心。还有一种人，他们从不把自己对他人的帮助放在心上，而是像长出一串葡萄的葡萄藤、跑了一段距离的马、跟踪猎物的猎狗抑或是正在酿蜜的蜜蜂一样，不指望自己的贡献能有所回报。这种人在完成一件好事时不会到处宣扬，而会接着去做另一件事，就如同时节到来后葡萄藤会再长出另一串葡萄一样。

"那么，人们是否应该如此去做，并且在某种程度上不去在乎呢？"是的，但你仍然应该专注于自己所做事情的本身。要知道，他会表示自己意识到社会性地做事是社会中人的特征。"既然如此，请宙斯作证，他也会希望同伴知道自己做了什么。"确实，你说得不错，但你误会了我刚才说的话，所以你也会变成我之前提到的那种人。要知道，他们看起来在遵循某种理性，但实际上已经走上了错误的道路。但是如果你认为我刚才说的话也有一定的道理，就不必担心会因此忘了做符合公众利益的事情。

一位雅典人祈祷："亲爱的宙斯，下雨吧，下雨吧，落在雅典的土地和田野上。"要么别去祈祷，要么就如此简单而直率地去祈祷。

传说"阿斯克勒庇俄斯[1]给人们开了一个处方：骑马、

---

1 阿斯克勒庇俄斯（Asclepius），古希腊神话中的医神，古罗马人又将他的名字拉丁化，音译成埃斯库拉皮乌斯（Aesculapius）。

洗冷水浴、赤脚走路"。宇宙的本性也如此替某些人开了处方：疾病、身体残疾、被遗弃或有过其他类似的遭遇。应该明白，前一个"处方"是在进行某种指引，引导患者做有利于自己健康的事情；而后一个"处方"是在解释一切经历都是对每个人的安排，与命运分配给他的份额相对应。事实上，我们说自己"出了什么事"，就像泥瓦匠说自己把四方形的石头放在墙上或金字塔上，根据建筑规划使其相互协调一样。总而言之，有一种和谐，宇宙就是由所有物体组成的和谐整体，命运也是由所有的因组成的总因。即使是普通人也能明白我说的话，所以人们经常说："这是命运给他的安排。"因此，既然为他做出了如此的安排，就是给他开出了如此的处方。那么，便让我们接受命运给我们的安排吧，这安排就像阿斯克勒庇俄斯开出的处方一样。的确，有很多烈性的物质在命运的安排中存在，但我们也欢迎它们，因为我们对健康有着期盼。

  既然普遍的自然理性将发生的一切都看作是种种事情的完成和结束，对你的健康有好处，那你也就如此看待自己的经历吧。所以你应该欢迎已经发生的所有事情，就算这让你感到有点痛苦，但那也是为了宇宙的健康和宙斯的幸运与繁荣。因为如果他不能让某件事同时为全宇宙带来利益，他就不会让这样的事情发生在某人身上。应当明白,不适合自然管理的事情,自然不会让它发生。

所以,有两个理由可能会让你高兴地接受自己所遇到的一切事情:首先,它之所以会发生,是因为你,它是针对你开出的处方,与你有关,是因为那些最久远的原因所造成的命运;其次,对于管理整个宇宙的力量来说,每个人身上发生的事情也是幸运和完美的因,这点可以请宙斯来作证,它甚至与其连续性有关。应当明白,如果你破坏了它的联系和连续,就会对它的整体完整性造成损害。当感到不满意并竭力试图取消它时,你就是在尽最大努力分裂它。

若是你不能按照正确的原则去做每件事,就别放弃忍耐,也别沮丧或失望,而应该在自己因受挫而丧失自信时,为自己的大多数行为符合人性而高兴,热爱自己返回的方向,依恋自己回归的地方,也别像寻找主人那样皈依哲学,而要如同眼科病人向海绵和蛋清求助,如同另一个病人向药膏求助那样。你也应该如此毫不炫耀地服从理性,获得和平。你还应该牢记,哲学所要求的正是你的本性所要求的,而你所要求的与本性并不相符。"有什么能比它们更令人愉悦?"应当明白,正是因为这样,快乐才会让人堕落。你看,心胸开阔、独立自主、简单坦率、心地善良,这些不是更令人愉悦吗?事实上,每当想到能够平静顺利地了解和处理每件事时,还有什么能比智慧更令人愉悦呢?

事物都具有一定的隐蔽性,因此许多哲学家,甚至是一些伟大的哲学家[1],都认为自己无法完全理解事物。就算是斯多葛派哲学家,也认为自己难以理解。我们的感官接受度在不断变化。事实上,在何处可以找到想法始终一致的人呢?你看看那些存在的事物,它们是多么短暂,多么毫无价值,可能属于某个放荡者、妓女或强盗。请再看看和你住在一起的人,哪怕是里面最优雅的人都让人难以忍受,更别说一个只是勉强忍受自己的人了。

一切都如此局限于这种物质和时间、运动和被运动的昏暗污秽里。我着实不明白,究竟还有什么值得高度关注或热烈追求。其实相反,一个人应当理直气壮地等待自身的自然崩溃,并且不必为蹉跎人生而苦恼,而要按照以下两种方法让自己平心静气:首先,所有与宇宙之道不相符的,绝对不会在我身上发生;其次,我不会违背自己内心的神做事,因为没人能强迫我这么做。

---

[1] 这里的哲学家指的是怀疑论派哲学家。

如何使用
自己的灵魂

"我现在是如何使用自己的灵魂的？"在每一个场合，都要问自己这个问题，并且问自己："现在属于我的被人们称为理性的部分，与我的关系如何？我现在有的是什么样的灵魂？是儿童的灵魂？是青年的灵魂？是女性的灵魂？是暴君的灵魂？是牲畜的灵魂？还是野兽的灵魂？"

你可以从以下讨论中明白，在大多数人眼中，究竟什么是好事。有人觉得某些东西真的很好，像智慧、节制、正义、勇气这样的事物，若是他有这样的认知，就不会相信"由于他有财富"这种话，因为它们不相符。然而，当一个人特地追求那些被许多人认为是好的东西时，他就会愿意相信喜剧家的话，并且会很容易觉得喜剧家的话是可以接受的。很多人都能感受到这里面的差异。应当明白这点，不然这句话就不会引起厌恶，遭人蔑视，却仍被人们认为是一句恰当而优雅地嘲弄了财富和荣誉的俏皮话了。那么，你不妨再进一步问问，那些适用于"他财富多得连自己都没地方放"[1]这句话的人，是否值得人爱戴？

我由原因因和物质因组成，它们都不会被摧毁而消失不见，因为它们都并非无中生有的产物。所以我的各个部分都会发生改变而成为宇宙的某个部分，接着再变为宇宙的另一部分，如此无穷无尽。我的存在也是因为这种变化，我的父母也是如此，就这样后推到另一个无穷无尽。事实上，就算宇宙是由一个完整的周期所控制的，也没什么能拦住这种解释。

理性和理性技能对自身及其工作来说都是自给自足的，所以它们从自己的开端被启发，朝着既定的终点前进。因此，这种行为被称为遵循正确路径的正确行为。

那些与人类不合的东西不能被称为人类的东西。那些东西不是人们所需要的，不被人性所接纳，也不是人性的完美体现。因此，生命的目的不在于那些东西，生命的最终目的即实现善也不依靠那些东西。但如果这些东西中有属于人类的，人类就不应该轻视并拒绝它们；若他说自己不需要它们，也不值得称赞；若这些东西是好的，而他只

---

[1] 这句话出自米南德喜剧残段。

满足于自己所拥有的，那么他也不算是个好人。但如今的问题是，一个人越能容忍自己失去或被剥夺这些东西或其他类似的东西，就越是一个好人。

你如何思考，自己的心灵就如何，因为灵魂受思想的影响。所以，你应该不断用这样一些思想来陶冶心灵，例如，凡是可以居住的地方，你就可以生活得很好，既然必须生活在宫廷里，那么在宫廷里也可以生活得很好。再例如，一切都是为了特定的目的而被制造的，它是为了达到这个目的而被制造的，所以它总是被引导到其被制造的目的，其终极就是被引导到的地方，而且一切事物的终极所在也是该事物的利益和善意所在。理性动物的善意是和谐共处，因为我们生来就是为了这种和谐，这一点此前已经解释过了。有生命者高于无生命者，有理性者则高于有生命者。

对不可能事物的追求是一种疯狂，但傻瓜不可能不这么做。

一个人生来就不适合做的事，是不会发生在他的身上的。其他人也可能会遇到你所经历的事情，他们也确实因为无知而承受了下来，或者是因想显示自己心志高远而格外坚定，因此没有受到伤害。奇怪的是，无知和虚荣竟然会比智慧更强大！

事物本身完全无法束缚灵魂，无法进入灵魂，也无法改变灵魂的方向或推动灵魂；只有灵魂本身可以转移和推动自己，并且它对外部事物的所有判断都被认为是适当的，从而使外部事物与这些判断相适应。

一方面，人与我们的关系最为密切，所以我必须为他们谋取利益并容忍他们。但是，有些人却因此对我的正常行为造成妨碍，所以对我来说，人又变得与太阳、风或野生动物无异。在这种情况下，虽然我的一些行为可能会被阻止，但我的愿望和精神状态能够通过消除和改变而不受约束。应该明白，理性可以将所有阻碍其活动的事物转化为引导的对象，使一件事物的障碍变得对它有好处，途中的障碍反而使得前行的路途更加顺畅。

你应该珍惜宇宙中最杰出的东西，那就是利用一切和统治一切者。同样，你也应该珍惜自己身体中最优秀的东西，也就是与前者相同的东西。应当明白，你体内存在利用各种其他事物者，你的生活就在它的统领之下。

对城邦无害者也不会对城邦中的个人有害。请将这一原则应用于所有伤害的概念：若是城邦没有受到伤害，自己也就不会受到伤害；若是城邦受到了伤害，也别因为城邦受伤害而生气，只要查问明白，他究竟错在何处？

你应该常常思考，所有现有的和即将发生的事物，其变化和消失的速度有多快。因为所有事物都像河流一样不停流动；活动在于不断地变化，其根由在于无限的变换，几乎没有什么是不变的。我们周围是无限的过去和同样无限的未来，一切都消失在其中。在这种情况下，一个人扬扬得意，或心烦意乱，或满腹牢骚，似乎那些让自己烦恼的事情会持续很长的时间一样，这样的人不是很愚蠢吗？

你应该记住，你所分享的，只不过是整个宇宙实体的一小部分而已；还有整个时间，你被分配到的也只是很短的一个瞬间；还有分配给你的命运，那是其中多么渺小的一部分！

别人对我做了什么错事吗？这是他的事情，他有自己的习惯和行为。我现在拥有宇宙自然要我拥有的东西；我正在做我的天性让我现在做的事情。

肉体的任何活动都无法改变灵魂的支配和控制，无论那活动是平静的还是强烈的。我们不应该将灵魂的支配和控制与那些活动混为一谈，而应该为它划定界限，把它的活动限制在命运限定的范围内。然而，当肉体活动通过统一于肉体中存在的其他情感进入心灵时，也别排斥这种感觉，因为这种感觉是自然产生的，你的主导理性不应该从自身出发判断它是好还是坏。

与神同在。一个经常向诸神表达自己的灵魂满足于命运分配给他的部分的人，满足于宙斯赋予每个人的领袖和内心主人——神灵，实际上也是他自己的一部分，所希望给予的有所满足的人，就是与诸神生活在一起。这神灵也是每个人的智慧和理性。

你对有狐臭的人生气吗？你对有口臭的人生气吗？他能做什么？他有这样一个腋窝，他有这样一张嘴。有什么样的本源，一定有什么样的气味。你可能会指出："可是人是有理性的，所以他可以发现自己有多烦人。"这样的看法很好，表明你也有理性，但请你用自己的理性能力来激发他的理性能力，指出他的缺点并劝说他。如果他能接受你的建议，你就帮他治疗，但不要生他的气。

既然你计划在离开这里后继续生活，那你现在就可以在这里那样生活。并且要如同没有遭受不幸一样。"房间里烟雾弥漫[1]，所以我离开了这里。"你为何认为这是件大事呢？在没有任何这样把我赶走的理由之前，我仍然可以独立，没有人能阻止我做自己想做的事，而我想做的事是符合理性和群居生活的本性的。

宇宙智慧是群居性的。不管怎样，它安排低级事物为

---

1 "房间里烟雾弥漫"是一句俗语，指的是人们会因为烟雾、房子漏水等原因离开自己生活的地方。

高级事物而存在，并使高级事物相互适合。你可以看到它是如何让它们服从和协调的，如何给予每件事物应有的命运所得，使得强大的事物彼此和谐共处。

到目前为止，你是如何对待神灵、父母、兄弟、妻子、孩子、老师、哺育者、朋友、亲戚和家人的？到目前为止，在对待所有人时，你都从来没有对别人有过不公平的行为或说过不公正的话吗？

想想自己经历过什么，忍受过什么。想想你的人生已经圆满，你的服务已经结束。你看到过多少美好的事物，轻视了多少幸福和辛劳，拒绝了多少荣耀，以善良回报了多少不公正的人。

为何没有技能和愚蠢的灵魂会搅扰有技能且知识渊博的灵魂呢？什么样的灵魂是有技能的、有知识的？那便是懂得事物的开始和结束，知晓无所不在的理性并且永远按照规定的循环规律管理一切的理性者。

很快你就会化为灰烬或尸体，只剩下名字，甚至连名字都留不下来。名字只是声音和回响。当我们活着的时候，那些被认为很有价值的东西都是空虚的、易腐的和渺小的，就像相互撕咬的小狗以及互相争吵、嘲笑，然后大声哭泣的孩子一样。忠诚、谦逊、正义和真理已经从广袤的大地前往奥林匹斯山。

还有什么能让你留在这里？若可感知的事物是时常变化、无法永存的，我们的感官是模糊的、无法准确反映事物的，可怜的灵魂本身就是血液的挥发，世界上的声名荣誉是空虚的，我们该如何去做？那就耐心等待吧，无论它是熄灭还是被重新安置。但在那一刻到来之前，我们还能因什么而满足呢？也就是说，除了赞美神、善待他人、"容忍"他们和"约束"自己之外，什么都做不了。至于除了你的肉体和灵气之外的一切，请记住，那都不属于你，也不在你的能力支配范围内。

　　若你能走上正确的道路，若你能在正确的道路上思考和行动，那你就能永远过上平静顺心的生活。神的灵魂、人的灵魂以及所有理性动物的灵魂都有两个共同点：它们彼此互不干涉；以承认正义和按照正义行事为善，以使私欲止步。

　　若这并非我的过错，也不是因为我的过错而采取的行动，而且没有损害公共利益，那我何必为此忐忑不安？什么是损害公共利益呢？

　　别被事物的感官印象所迷惑，而应该付出你最大的努力，根据人们的价值给予他们帮助。如果在一般情况下遭遇挫败，也别将其看作是多大的伤害，这是一种坏习惯。这就像一个老人在离开时不忘向他的义子索取响器一样，虽然只是一个响器，在这里也是如此。你曾经在演讲台上大声表示：人啊，这些有什么意义？"是的，但人们追求它们。"难道你也变成如此的蠢货了吗？

我曾经是个幸运的人，后来不知怎么被抛弃了[1]。所谓幸运的人，就是自己为自己安排运气的人。好的命运，是灵魂的好的转化、好的意图和好的行动。

---

1 奥勒留本人刚开始继承王位的时候格外顺利，后来却遭遇了内外形势的大逆转。

第 6 卷

人的行为很奇怪。他们不肯称赞和自己生活在一起的同时代的人,却又想被那些自己从未见过也无法见到的后代人称颂。这很像你因为无法得到前辈的赞美而感到痛苦。

如果有什么事情让你觉得难以承受,那你不要认为别人也无法承受。然而,如果有什么合乎人性的事情,其他人可以做到,那你也应当认为自己可以顺利做成它。

控制自己的情绪

宇宙的本质是温驯顺从的,控制宇宙本质的理性本身没有任何作恶的因,因为它没有邪恶,也不作恶,并且不会伤害自己所控制的任何东西。一切事物都是按照这一理性产生和终结的。

无论你是冷还是热,无论你是困倦还是睡得足够,无论你听到有人恶意诽谤还是被人赞美,也无论你是奄奄一息还是在做其他事情来履行自己的义务,都没有任何区别。应该明白,死亡也是在生命过程中诸多事情中的一个。我们由此死去,所以在安排好这件事的时候,只要"安排好当前的事情"就足够了。

应该仔细观察内部,别忽视任何事物的特点和价值。

所有客观事物都会迅速变化,或者产生烟雾——如果它真的有那样的本质,或者消散不见。

统治性的理性明白它的意图是什么，明白它在做什么，也知道需要什么样的材料。

报复的最佳方式就是不要像对方那样做事。

只有一件事能让你感到快乐和平静，那就是在从一个社会活动到另一个社会活动的过程中，随时想着神灵。

支配理性的是自我恢复者和自我改变者，不仅可以随意改变自己，还可以随心所欲地实现一切。

所有事物都是遵循宇宙的自然之道来实现的，必须明白，它们的确不可能遵循任何其他的道实现——无论是所谓包含着宇宙的外在之道，还是所谓包含在宇宙中的内在之道，抑或是这两者之外的其他什么道。

宇宙要么是一个相互交织而分散的混合体，要么是一个有安排和远见的统一体。因此，如果是前者，那我为何还想在如此一个偶然的混合体和污垢中虚度光阴呢？除了在某个时候"还原为土"外，还有什么其他事情值得我去关注？为何我会感到困惑？须知，无论我做什么，总有一天自身都会消散。如果是后者，那我只能虔诚、冷静、勇敢地敬奉这位统治者。

当在环境压力下感到不安时，你应该迅速控制自己，不要在这些压力下失去平衡。须知，如果你能不断反省自己，就能获得更大的和谐。

如果你同时有一个继母和一个母亲，那你会一边孝敬继母，一边不断回到自己母亲的身边。如今对你来说，政府和哲学就是这样，你也要这样不断回到哲学那儿去，以获得平静，这样你会更容易忍受政府一些。

当我们面对肉食和其他食物时，我们可能会想到，这是一条鱼的尸体，这是一只鸟或一头乳猪的尸体，还有这法勒隆[1]葡萄酒是葡萄的汁液制成的，这紫色长袍是用扇贝血浸泡过的羊毛制成的。对事物实质进行深入研究，直达它们本身后，得到的概念就是这样，由此我们可以看出它们究竟是什么。我们应该一辈子都这么做，每当事物让人感到美好的时候，我们就应该揭露它们，看到它们的卑贱，去掉那些夸大它们的话。须知，夸大的赞美是可怕的骗子，当认为自己是在做有价值的事情时，你上当受骗的程度也就越深。请注意克拉特斯[2]对克塞诺克拉特斯[3]的看法。

普通人赞美的东西大多是普通的东西，它们因其固有

1　法勒隆（Phalerum），雅典的一座古城，位于港口，贸易发达。

2　克拉特斯（Crates），犬儒派哲学家，生活在大约公元前4世纪。

3　克塞诺克拉特斯（Xenocrates），哲学家，哈尔卡冬（Holcedon）人，生活在大约公元前396—公元前314年。

状态或自然本性而被结合在一起,如石头、木材、无花果、葡萄树和橄榄树;那些被能力稍高者赞美的东西,可以归类为由灵性结合而成的东西,比如羊和牛;而那些被能力更高的人赞美的东西,则可以被归类为由理性精神结合而成的东西,当然这还并非指一般的灵性,而只是通过技能或其他方式训练出来的灵性,或者只是许多奴隶拥有的灵性。尊重理性灵魂的人——一般的、社会化的灵魂的人不考虑任何别的东西,而只使自己理性地、合群地拥有自身的灵魂可以维持这种活动的状态,并且通过与类似的人的合作达到这种境界。

有些东西匆匆产生,有些东西匆匆消逝,匆匆产生的东西的某些部分已经消逝了。流动和转变使宇宙恒定而常新,正如时间的不断流逝使无限的时代延续常新一样。在这条一直流淌的长河中,在这些从身边消逝的东西中,谁会觉得有什么无法停驻的事物是值得珍惜的?那就如同有人可能会爱上一只从身边飞过的麻雀一般。每个人的生命本身不过是一种血液的气化和空气的吸入。事实上,我们每时每刻都在呼吸空气。我们每天都这样做,我们的吸收能力也是如此。你在昨天或前天出生的时候得到它,有一天你也会把它送回自己最初得到它的地方。

应当被人珍重的既不是像植物一样的内部蒸发,也不是像牛羊和野兽一样的微弱呼吸；这既不是通过想象而来的印象，也不是因为冲动而像木偶一样受到牵引，不是成群聚集，也不是营养吸收，因为这类似于从食物中挑选出被废弃的东西。

那么，什么是值得人们珍惜的呢？欢呼和赞美？并非如此。所以也不是舌头的喧嚷，因为众人的赞美都不过是舌头发出的声音。因此，在你放弃了微不足道的赞美之后，还有什么是值得珍惜的呢？在我眼中，那就是根据自己的处境约束自己，以此作为自己所有关心和使用技能的目标。因为使用每项技能的目的都是使生产出来的东西适合承担它预先设定的任务，比如园丁种植葡萄，还有驯马师和养狗人驯化的目的也是如此。照顾和教育儿童也有自己的目标。这便是值得珍惜的事物。

倘若你这么想，自己就不会再去追求其他的事物了。你不能不珍惜其他事物吗？那么你就无法自由，无法自给自足，也无法消除欲望。须知，那时一定会存在嫉妒、竞争，对那些可能得到这些事物的人怀疑，以及对那些拥有你珍惜事物的人产生阴谋。总之，想要得到这些事物的人肯定会坐立不安，并且会经常抱怨神灵。但是，如果你尊重自己的心，爱护自己，就会使自己成为一个讨人喜欢的人，为人随和，与神灵和谐一致，也就是说，赞美神灵分配和安排给你的一切。

无论是在上面还是在下面,都有元行在旋转。美德的运动不在任何一种元行中,一种更神圣的元行沿着一条难以想象的路线平稳地向前运动。

人的行为很奇怪。他们不肯称赞和自己生活在一起的同时代的人,却又想被那些自己从未见过也无法见到的后代人称颂。这很像你因为无法得到前辈的赞美而感到痛苦。

如果有什么事情让你觉得难以承受,那你不要认为别人也无法承受。然而,如果有什么合乎人性的事情,其他人可以做到,那你也应当认为自己可以顺利做成它。

在竞技场上,我们被某个人的指甲抓伤,头部遭受猛击,但我们对此不会在意或生气,也不会怀疑他将来会谋杀我们。然而,我们仍然需要注意预防,当然不是将其看作敌人,也不是怀疑他,而是善意地避免类似的事情再次发生。在日常生活的其他方面也应该如此,对于许多事情,我们应该像对待竞技场上对手的行为一样,不必耿耿于怀。须知,正如我说的,应该避免怀疑和仇恨。

如果有人能向我指出并证明我的想法或行为是不正确的,我将感激他。因为我追求真理,没有人会被真理伤害。如果一个人固执于自己的谬误和无知,那他就是在伤害自己。

我尽了自己的责任,没有什么能让我回头,因为它们要么没有生命,要么没有理性,要么误入歧途而不知道正确的道路。

对于没有理性的动物以及所有的事物和存在,既然你有理性而它们没有,那你就应该表现出豁达大度和慷慨仁慈。人是有理性的,所以要善待它们。无论何时都要向神灵祈祷,不要担心"你要花多少时间做这些事情",因为三小时就足够了。

马其顿的亚历山大和他的马夫,死后去的是同一个地方,因为他们要么一起回归到宇宙的原始理性本身,要么一起被分解到原子中[1]。

请想一下,我们每个人在同一时刻发生了多少事情,这些事有的与肉体有关,有的与心灵有关。所以就算存在更多的事物,你也不必惊讶。或者更确切地说,所有的事物同时存在于我们所说的宇宙中,这宇宙既是唯一,也是整体。

---

1 此处,奥勒留提出关于生命归宿的两种不同观点,前者是斯多葛派的观点,后者是伊壁鸠鲁学派的原子论观点。从作者的着笔来看,他更赞成斯多葛派的观点。

如果有人问你："怎么拼写Antoninus这个姓氏[1]？"难道你不会用力地说出每个字母吗？如果他们生气，难道你不会不让他们生气吗？你不会温和地复述一遍每个字母吗？记住，在生活中也是如此，所有义务都由某些部分组成。别坐立不安，别对生你气的人生气，要系统地完成自己所面对的事情。

不允许人们追求他们认为合适和有益的事物，这种做法也太霸道了。但是每当你因为别人做错事而生气时，你也不会允许他们那样做。事实上，他们那样做完全是因为他们认为那些事情是合适的，而且对他们有利。"但事实并非如此。"既然如此，你就应该去教他们，进行解释，而不要怒气冲冲。

死亡是感官印象、欲望木偶般的表演、理性活动和肉体服务的终结。

在生活中，肉体还没有衰弱，而灵魂先行衰弱，这是一件可耻的事情。

小心别变成专制的国王，别染上这种习惯，因为这是很可能会发生的。所以，你必须注意让自己保持简单、善

---

[1] Antoninus这个姓氏就是"安托尼努斯"，而不是"后三巨头"之一的Antonius，Antonius一般译为"安托尼乌斯"或"安东尼"。

良、纯洁、严肃、朴素、热爱正义、敬畏神灵、善良、热情,并努力实现与之相称的事业。生命是短暂的,顺应自然的规律和合群性的行为是在大地上生活的唯一收获。

  一切都必须像安托尼努斯[1]的信徒一样。尽你所能去做每件符合理性的事情,完全公平,服从自然规律,神情温和,待人友善,不爱慕虚荣,热情理解理性;像他一样,在没有完全理解和清楚认知事物之前,绝对不轻易放过;像他一样,容忍那些指责自己的人,而不去反唇相讥;像他一样,永远不匆忙行事;像他一样,不相信谎言;像他一样,严格地审视人们的品格和行为;不责备,不懦弱,不怀疑,不诡辩;满足于少量的居处、床上用品、衣服、食物、侍从等;像他一样勤奋和耐心;简单的生活习惯能让他持续工作到傍晚,除了平时,他不需要其他时间休息;忠于友谊;宽容那些坦诚批判自己观点的人,欢迎那些提出更好意见的人;对神灵虔诚但不迷信。这样做,是为了能让你在最后时刻像他一样彻底觉悟。

---

[1] 安托尼努斯·皮乌斯,是奥勒留的继父。

按照自己的本性去生活

你醒醒吧,唤醒你自己!你从梦中醒来,发现困扰自己的是各种各样的梦;现在你已经重新醒过来了,再看这一切,就像你曾经看到的那些梦境一样。

我是由渺小的肉体和灵魂组成的。事实上,一切都与身体无关,因为它不可能与它们存在联系。但是,与灵智无关的只是那些与其活动无关的事物,所有属于灵智活动范围的东西都在其支配之下。当然,这里面也只涉及现在的事物,因为未来的和过去的事物与灵智活动也是无关的。

不管是手还是脚感到疼痛,只要手还能做手该做的事,脚还能做脚该做的事,就都与自然规律不违背。同样,对于一个人来说,疼痛也不会让他违背自然规律,除非他痛到做不了身为人该做的事情。因为疼痛对他来说并不违背自然规律,所以对他来说也就不属于恶。

难道你没有看到,一个懂得某种技艺的人可以在某种程度上包容普通无知的人,但不能达到与他们技艺的理性原则相冲突的程度,是不能容忍偏差吗?若是建筑师和医生更尊重自己技艺的理性原则,而非尊重自己的理性——那是他与诸神共有的理性,难道不奇怪吗?

亚细亚和欧罗巴——宇宙的一角;整个海洋——宇宙的一滴;阿托斯[1]——宇宙的一块泥土;时间的所有现在——永恒的一个点。一切都很渺小、善变,都会消逝。

一切事物都是从那里开始的,要么直接来自宇宙共同的主导理性,要么在其后产生。所以,狮子的大嘴、毒药以及所有让人讨厌的事物,像荆棘或泥泞,都是那些神圣而美丽的事物的后果。因此,切勿认为它们与你所欣赏的事物不同,而要想想所有事物的起源。

一个人看到现在的各种各样的事物,就是看到从古至今所形成的一切,以及将在永恒的未来出现的一切,因为一切都是同源的和相似的。

应该时时思考宇宙中所有事物的紧密结合和它们的相互联系。因为所有事物都是以某种方式相互关联的,所以

---

[1] 阿托斯(Athos),位于爱琴海北部卡尔基狄克半岛东南端的海岬。

它们也是彼此接近的。须知，它们彼此有序，这是因为它们强大的运动[1]、协调一致和质料统一。

让自己适应自己命中注定要被给予的东西，喜欢自己命中注定要遇到的人，并且真诚地去喜欢他们。

每一件工具、仪器和器皿，只要它们能完成原本创造它们时所认定的任务，那它们就都是好的，即使造物主不在那里。只要事物与自然本性结合，创造力就会存在并长存于其中，因此你应该更加尊重它，并且必须承认，若你按照它的意愿去生活和行动，那么你的一切也会与理性相符。同样，全宇宙中的事物也都会与理性相符。

如果你猜测自己别无选择的东西对你来说是善是恶，一旦你无意间经历这样的恶或失去这样的善，那你必然会抱怨众神，责怪凡人，并将他们看作自己遭遇不顺或发生意外的原因。但是，往往是因为我们胡乱行事，区分这些事物。如果我们只区分自己能力范围内事物的善恶，就没有任何借口去指责神灵或敌视凡人了。

我们都在为实现共同的目标而一起努力，其中一些人有知识和理性，而另一些人不知道自己在做什么。赫拉克

1　这是斯多葛派的观点，他们认为物质存在两种运动，一种是创造事物的扩张运动，另一种则是赋予事物特质的收缩运动。

利特说道:"人们睡觉的时候也是在工作。"我认为他们也是宇宙中正在进行的工作的参与者。每个人都在从事自己的工作。在如此繁忙的工作之中,甚至有些人抱怨,有些人试图抵制,有些人试图停止正在进行的工作。事实上,宇宙中也需要这样的人。最后,想想自己属于哪一类人。在任何情况下,负责所有这一切的管理者都会好好地利用你,接受你作为同事和助手参与部分工作。但请别成为像克律西波斯[1]提及的戏剧中的那个卑俗滑稽的角色那样的一部分。

难道赫利奥斯[2]适合降雨吗?阿斯克勒庇俄斯适合履行卡尔波福罗斯[3]的职责吗?各个星星又会怎么样呢?难道它们并非存在不同,但又为了同样的目的而在一起工作?

若诸神思考过我,思考过需要发生在我身上的事情,那么他们考虑得很好。事实上,这点很容易理解,神明不思考是一件难以想象的事,再说他们为何要故意伤害我?难道他们的这种考虑能对他们自己和宇宙本身有什么好

---

1 克律西波斯(Chrysippus),斯多葛派的创始人,生活在约公元前279—公元前206年。
2 赫利奥斯(Helius),远古神话中的太阳神。
3 卡尔波福罗斯(Carpophorus),掌管谷物的神。

处？就算他们没有特别考虑过我，也必然全面考虑过整个宇宙的利益。

为其考虑的结果和发生的一切，我也要感谢和敬爱他们。如果他们什么都不思考（这种想法是不虔诚的），那么我们也就不需要献祭，不需要祈祷，不需要发誓，不需要做任何相信神明存在且与我们同在的事情了。如果神明真的如此不考虑我们的任何事情，那么我就能为自己考虑了，我可以考虑对自己有益的事。一切符合一个人的结构和本性的东西都对他有利，而我的本性是理性的和社会性的。当作为安托尼努斯时，对我而言，罗马就是我的城邦和祖国；而当作为一个人的时候，对我而言，宇宙才是我的城邦和祖国。因此只有对这些城邦有利的事物，才会对我有利。

发生在个人身上的事情也有益于整个宇宙，这种说法是正确的。不过，如果你再仔细观察，一般来说，对一个人有益的东西也会对其他人有益，此处你应该更广泛地去理解"利益"这个词，也就是说，它在中性事物[1]上也适用。

---

1 "中性事物"在此处指的是既不属于善也不属于恶的事物。

就像剧院以及类似地方的表演总会演出些同样的节目让你看一样，你看腻了类似的演出，在全部的人生中也是如此，因为这从上到下的所有都是一样的，都来自一样的事物。但生命能持续多久？

你应该时时思索，各种各样的人、各行各业的人、各个民族的人都死了。就这样去想，直到菲利斯提昂、福波斯和奥里伽尼昂。现在再想想其他人。到最后，我们都得跨越这一界限，众多卓越的修辞学家、哲学家，如赫拉克利特、毕达哥拉斯和苏格拉底都跨越过这一界限；众多古代英雄、后来的将军和暴君，还有欧多克索斯[1]、希帕尔霍斯[2]、阿基米德[3]，以及诸多其他优秀的人才、高尚的人物、勤奋的劳动者、多才多艺的人、意志坚定的人，甚至对这短暂易逝的生命开过玩笑的人，像墨尼波斯[4]和许多其他人，都跨越过这一界限。想想所有这些人，他们已经

---

1 欧多克索斯（Eudoxus），数学家、天文学家，生活在约公元前4世纪。

2 希帕尔霍斯（Hiparchus），知名天文学家，有"天文学之父"的美称，生活在约公元前2世纪。

3 阿基米德（Archimedes），古希腊著名的科学家、数学家、物理学家，生活在公元前287—前212年。

4 墨尼波斯（Menippus），昔尼克派哲学家，生活在约公元前3世纪。

躺在那里很久了。事实上，是什么会让他们害怕？又是什么会让那些凡人恐惧？只有一件事是真正有价值的，那就是在真理和正义中，在宽容对待说谎者和不公正者中度过一生。

每当你想让自己身心愉悦时，就想想和自己共同生活的人的优点，比如这个人精力充沛，那个人谦逊有礼，另一个人热心助人，等等。须知，没有什么能比与自己生活在一起的人们的美德形象尽可能地通过性格展现在我们面前更使人高兴的了。因此，你应该让这些形象随时都能出现在自己的面前。

你不是没烦恼过自己体重只有若干磅[1]而不足三百磅吗？那就别担心自己只能活到某年而不能更长寿。须知，就像你满意自己所分到的物质份额一样，你也应该对自己的时间限度感到满意。

你应该先尝试说服他们，就算他们不乐意，你也应该这样做，因为理性需要这样实行正义。如果有人甚至用暴力阻拦你，你也应当宽宏大量，不必担心，而要利用这种阻拦来展现自己的另一种美德。记住，你的愿望受到条件

---

1 此处磅为罗马磅，约为327克。——编辑注

的限制，别去做不可能的事。那你究竟该做什么呢？那就是你曾经的愿望。你已经实现了这一点，我们已经完成了自己被引导要去做的事情。

贪慕虚荣者将他人的行为看作是自己的善；贪图享乐者将自己的感觉看作是善；而智者却只将自己的行为视为自己的善。

我们不需要去理解一件事，也不必为此烦恼，因为这件事本身并不具有让我们形成判断的本性。

让自己学会倾听，并尽可能地深入说话者的内心。对一群蜜蜂无利的东西，也不可能对一只蜜蜂有利。

若是水手责怪舵手，病人责怪医生，那还能是因为别的什么？难道不是要求舵手可以让他们安全进港，要求医生可以使病人痊愈康复？

有多少和我一起进入这个世界的人已经离开了！

黄疸病患者认为蜂蜜是苦的，狂犬病患者认为水是可怕的，而孩子们认为球是有趣的。所以说，你为什么生气呢？也许你认为相比于黄疸病患者的胆汁、狂犬病患者的毒素，一个错误的判断更不重要吗？

没有人能阻止你按照自己的自然本性去生活，任何违背共同自然理性的事情都不会发生在你身上。

人们通常喜欢讨好什么样的人？出于什么原因？使用什么方法？时间会快速地淹没一切，已经淹没了多少事物！

第 7 卷

一切事物都是相互交织的,而且这种结合是神圣的,可以说,任何事物都与其他事物存在联系。这是由于一切事物都是被安排过的,宇宙本身就是由它们有序地组成的。须知,只有一个由所有物体组成的宇宙,只有一个存在于万物之间的神明,只有一个实体、一条法则、一种所有智慧动物共有的理性、一个真理,若当真存在来自同一根源、具有同一理性的生物的独一无二的完美。

不要担心未来的事

什么是邪恶？它是你经常能见到的事物。随时想想到处发生的一切，这就是你常见的事物。总的来说，不管你是向上还是向下看，都会发现这些事物，它们充斥在古代、中期和近现代的历史中，在现在的城市和房屋中也充满了这些东西。太阳底下没有什么新鲜事。所有的事物都是习惯性的、短暂的。

那些信条为何会以另一种方式消亡？除非与之相关的思想消亡。至于重振那些思想的活力，则完全取决于你自己。我可以对所有事物做出应有的判断。既然我可以做到这一点，那么又有什么能让我心中不安？我内心之外的那些事，与我的内心无关。学会这样思考，你就可以站得很高。

你可以再活一次。你以前是如何观察事物的，现在也这样做！须知，如此你就能够重新活过来了。

对于壮观的无聊比赛、舞台表演、羊群、马群、战斗表演、向狗扔骨头、向鱼塘扔面包屑、蚂蚁的辛勤工作和繁重的负载、受惊吓的小老鼠分散逃跑，以及牵线木偶的表演等事物，你应该和蔼可亲而不傲慢地身处其中，应该明白每个人和他们所追求的事物的价值是相等的。

在谈话的时候，需要注意言辞；在做事的时候，需要注意举止。行动时必须仔细观察行动会导致的结果，谈话时必须用心领会话语中的意思。

我的智慧能否承担这件事情？若是可以，我就将自己的智慧当作宇宙本性所赋予的某种工具，放在这件事情上。若是不可以，那我要么退出这项工作，让有能力的人更好地完成它，除非有什么其他原因不允许我放弃；要么我继续尽自己最大的努力去做这项工作，同时寻找一个可以利用我的主导理性去实现符合当前情况且有益于事情的人。须知，不管我独自或与他人合作做一件什么事情，都必须尽最大努力去实现一个目标，那就是让它对公共社会有益，与公共社会和谐一致。

许多受到高度赞扬的人物已经被遗忘了，有多少赞美他们的人也已经离开了这个世界！

不要为得到帮助而感到羞耻，因为你必须如士兵攻城一般完成交给你的工作。若只有你因为跛脚而不能爬上城垛，在有人帮助的情况下你就能完成这一任务，那你将会如何做？

不要担心未来的事。若当真如此，那你就用自己现在对待事物的理性来对待未来吧。

一切事物都是相互交织的，而且这种结合是神圣的，可以说，任何事物都与其他事物存在联系。这是由于一切事物都是被安排过的，宇宙本身就是由它们有序地组成的。须知，只有一个由所有物体组成的宇宙，只有一个存在于万物之间的神明，只有一个实体、一条法则、一种所有智慧动物共有的理性、一个真理，若当真存在来自同一根源、具有同一理性的生物的独一无二的完美。

所有物质都会很快消失在宇宙实体之中，所有的原因都会上升并回归宇宙理性，对一切事物的记忆也都会飞快消失在永恒之中。

对于具有理性的生命而言，行为本身既符合自然本性，也符合理性。

要么自身正直，要么被培养成正直的人。

就像所有的事物都是各个部分的组合体一样，分开的单个理性也是如此。各个理性的结合是为了某种合作而进行的安排。如果你总是说"我是理性整体的'一部分'"，你就能更清楚地理解这一点。然而，若你说自己是"一部分"，那表示你还未发自内心地去爱别人，也没有从行善本身中获得快乐，因为你还是只将行善当作一种合适的行为去做，还没有看到它也是在让你自己变得更好。

如果外在事物愿意，就让它来到自己能感觉到其到来的地方。如果这些地方愿意，它们也能够抱怨。至于我，如果我不认为自己遇到的是恶，那我就没有受到伤害。我可以不这么认为。

无论别人做什么或说什么，我都应该让自己保持正直，就像黄金、翡翠或紫袍一样。它们常如此说："无论别人做什么或说什么，我永远是黄金/翡翠/紫袍，并且应该保持自己固有的颜色。"

主导理性不会受到自我干扰，我想表达的是，它不会陷入欲望之中。但如果有人能让它变得恐惧或痛苦，就让他这样去做吧。须知，主导理性本身并不会想让自己陷于这种状态的。

让肉体尽可能地保护自己，使其不受任何伤害；如果遇到什么伤害，就让它说出来。但是，就算灵魂遭遇恐吓或痛苦，而且就算它完全能够判断恐吓和痛苦，它也不会有任何这种感觉，因为它从来不会自己做出这样的判断。

主导理性本身只需要它自己，不缺其他别的东西，只要它不让自己有缺失。因此,任何事物都无法干扰或阻碍它,除非它自己干扰和阻碍自己。

福灵是善良的主导理性。那么,你这是在做什么?啊,是在幻想。我以诸神的名义请求你,你从哪里来,就回到哪里去,因为我不需要你。你按照自己固有的习惯来了,我没生你的气,只是让你走。

有人害怕改变吗?但如果没有改变,能产生什么事物呢?有什么比改变更友善、更适合它的本质呢?如果木头不被改变,你自己能洗澡吗?如果食物不被加工,你能得到营养吗?如果没有改变,可以实现哪些有用的事情?难道你没有看到,你自己的变化也是如此,而且对宇宙本性同样是必要的吗?

一切事物都在宇宙实体中,就像在一条汹涌的洪流中被带走般,与整体一起生活和运动,就像我们身体的各个部分相互作用一样。

时间吞噬了多少个克律西波斯、多少个苏格拉底、多少个爱比克泰德?希望你可以用这样的思想对待一切人和事。

我只关心一件事,那就是我自己不想做身为人不允许做的事,无论是不允许那样做的事,还是不允许现在做的事。

很快你就会忘记一切,很快一切亦会忘记你。

甚至对于误入歧途者，我们也应该去爱，这就是人特有的本性。若你可以理解他们是同族，他们是因为无知而不情愿地犯了错，而且你和他们都会在短时间内死去，尤其是他们不会伤害到你，因为他们并未让你的主导理性变得比以前更糟，就会爱上他们。

宇宙的本性来自宇宙实体，就像蜂蜡一样，一会儿捏出一匹小马，一会儿又将小马揉成一棵小树，然后用树作为原料造出一个人，再塑造成其他东西，其中每种事物都只能存在很短的时间。事实上，拆开一个木箱和做好一个木箱一样，没有什么是能够让人惊讶的。

脸上愤怒的表情是与自然格格不入的。如果愤怒的表情经常出现，脸上的美丽就会消失，最终完全消失，以至于完全无法恢复。因此，你应该明白，那是违反理性的。须知，一旦人们对谬误的普遍看法消失了，那还有什么生存的理由呢？

统治宇宙的自然理性会改变你所看到的所有东西，其他事物都是由它们的实体创造的，然后这些事物的实体会创造出新事物，让宇宙历久弥新。

每当有人在某件事上冤枉了你，你应该马上想到，他之所以会犯这样的错误，可能是由于他本身有某种善恶观。须知，当了解到他的善恶观时，你就会对他产生同情，既不会加以责怪，也不会生他的气了。因为事实上，你可能与他有着相同或相似的善恶观。既然如此，你理应原谅他。若是你没有这样的善恶观，就更应该善待做错事的人。

不要想象自己没有的东西已经属于你，而应该考虑已经属于你的东西中那些最好的，想想它们美好的特性，如果没有它们，你会多么渴望能得到它们。然而也要小心，切勿因为喜欢这些东西而过于珍惜它们，这样如果你在什么时候不再拥有它们，就不会感到非常痛苦。

遁世于自身。主导理性有着这样的本性：用公正的行为和由此产生的和平来满足自己。

遏制幻想。别再做牵线木偶了。将自己设定在当前的时间中。仔细想想自己或他人身上发生了什么。区分每件事物并将它们分为原因的和物质的。思考生命的最后一刻。让其他人犯下的错误继续存在于发生错误的地方。

试着理解自己所说的话。深入了解发生的事情及其缘由。

应该让自己保持简单、谦逊，对善恶之间的事情漠不关心。爱人类，追随神灵。一位哲学家说："所有事物都遵循规律，事实上，那只是一些元行。"然而，只要记住所有事物都遵循规律就足够了。如此就很简单了。

人生像跳舞，
但更像摔跤

关于死亡：若是原子，那就是分散；若是统一体，那就是消失或转移。

关于痛苦："无法忍受的痛苦会夺走（我们的生命）；若是持续的，那就能够忍受。"心灵通过阻隔保持自身的安静，主导理性也不会受到损害。至于那些因疼痛而受损的部分，要让它们尽可能地发挥作用。

关于荣誉：留心观察那些追求荣誉者的内心是什么样的，他们回避什么，追求什么。然后请看看一些沙堆是如何堆积在其他沙堆上，并覆盖之前的沙堆的。人生也是如此，之前的事物很快就会被后来的事物淹没。

柏拉图问："如果一个人有广阔的心胸，并且观察了整个时间和所有事物的实体，那在你看来，这个人会认为人生是一件大事吗？"另一方回答说："不会。""那么他还会认为死亡是一件可怕的事情吗?""绝对不会"。

安提斯特涅斯[1]曾说,国王的使命是行善事,听恶言。

脸是根据心灵的指示,顺服地采用某种面貌和安排,如果心灵无法让自己采用某种面貌和安排,那便是可耻的。

你不应该对事物生气,因为它们对你漠不关心。

希望你带给不朽的神灵和我们幸福。

生命就像成熟的谷穗一样被割取,这个生命存在,那个生命消亡。

若我和我的两个儿子被诸神遗忘,那一定是有原因的。

幸运和正义伴随着我。

别跟着别人一起哭,切勿激动。

柏拉图曾说:"我会给这位质问者一个适当的回答:'你说得不对,朋友,若你认为就算是只有某种很小价值的人也会对生和死的危险斤斤计较,而不仅仅关注他所做的事情是否公正,是好人还是坏人所为。'"

雅典人啊,事实的确如此。若一个人为自己做了安排,并且认为那是最好的安排,或者那是由领导分配的安排,那我认为他就应当冒着风险留在那里,不管死亡或其

---

1 安提斯特涅斯(Antisthenes),昔尼克派哲学创始人,生活在约公元前5世纪。

他任何事情，除了不使自己受辱。

"好朋友啊，要当心，高贵和善良不仅仅是救人和被救。因为一个真正的人不需要顾虑自己到底可以活多久，而是把所有都交付给神。相信老妇人说的'没有人能逃脱命运的安排，而要去思考自己如何才能以最好的方式度过有限的时光'。"

应当留心观察星星的运动，就如同你自己也在和它们共同运动一样。应该不断思考各种元行之间的相互变化，因为这些想法可以清除尘世生活的污垢。

柏拉图所言甚好。应该像站在高处俯瞰世界上的一切那样去评论人类，比如吵闹的人群、军队、农业、婚姻、分离、出生、死亡、喧嚣的法庭、废弃的地方、各种野蛮民族、节日宴会、悲伤、集市以及相对事物的有序排列。

想想过去的事物，统治权这么频繁地更替。你也可以展望未来，一切还将是相似的。它们不可能背离现存事物的运行规律。所以，对四十年前人类生活的探究与对一万年前人类生活的探究是一样的。你还能看到什么更多的？

那些从地上生长的将返回大地，从太空种子发芽生长的仍将返回宇宙之城。

这可能是原子结合的分离和无意识元行的散开。

带着食物、酒和各种魔法离开出口，以避免死亡。必须忍受来自众神的微风，毫无怨言地工作。

"更擅长摔跤"，但并不是更具有公共精神，更谦虚，更能应对发生的事情，更宽容地对待邻居的错误。

只要是可以根据众神和凡人的共同理性所能做的事，就没有什么可让人害怕的。因为只要走正确的道路，按照自己的能力做事，就一定可以受益而不致受损。

无论何时何地，你都应该虔诚地满足现状，公平地对待身边的人，努力去完善现有的观念，以避免混入任何没被认真考虑的想法。

不需要去观察别人的主导理性，但应当仔细留心自然本性会指引你去往何方。那自然本性不仅包括通过发生在你身上的事情所表现出来的宇宙本性，还包括通过你本身应该做的事情所表现出来的你个体的本性。每个人都需要根据自己的本性做事。其他事物全是为有理性的事物安排的，就像在所有的情况里，较低等的事物是为较高等的事物而安排的一样，而一切有理性的事物都是为彼此而安排的。

如此，在人的本性中，第一种是群居意识。第二种是坚决抵制肉体的欲望。须知，这是理性的智力活动为你自己定义的特殊范围，感觉和欲望的活动无法征服它，因为这两种活动都是动物性的，而智力活动要求自己位于首要地位，而不屈从于这些活动。这是合理的，因为智力活动本就是为了引导这些活动的。第三种是理性本质不包括鲁莽和欺骗。所以，必须让它们的主导理性保持正直，实现目的，得到它应得的东西。

要想象你自己已经死了，你在现在之前就已经生活过，然后按照自然规律度过余生。

只爱发生在你身上的事和命运给你的。还有比它们更合适的吗？

对于偶然发生的事情，考虑一下那些经历过同样事情的人，那时他们曾恼怒、惊讶和指责。但他们现在去了哪里？不知道他们到了哪里。那么如何？你也想和他们一样吗？你为何不把这些偏差交给那些引发偏差或受其影响的人呢？为何不专注于怎样对这些偏差加以利用呢？须知，你应该善于利用它们，让它们成为你的材料。你仅仅需要集中注意力，并努力让你的所作所为在各个方面都感觉完美。还须记住，两者之间的区别在于行为的目的。

应当保护你的心。善的源泉在心中，如果你永远探索它，它将永远喷发。

应当保持身体强壮，不管是运动还是静止时，都不可以失去姿态。须知，所有的心灵活动都会反映在面容上。如果你想保持智慧和尊严，也必须反映在整个身体上。但要避免在这些事情上装腔作势。

人生像跳舞,但更像摔跤,因为它需要你坚定地站稳脚跟,为不可预测的攻击做好准备。

需要不断观察你希望被他们欣赏的人是什么样的,他们有着什么样的主导理性。须知,如此你就不会责怪那些并非本意地错怪你的人,而当你看清一些人的观点和愿望的根源时,也不再想得到他们的赞扬。

哲学家曾说,所有的心灵都不情愿失去真理,也不愿意失去正义、节制、爱和其他美德。尤其得死死记住这一点,因为这会让你对一切都更友善。

当觉得痛苦时,你应当这样想,那并非耻辱,无法对舵手的理智造成伤害,因为它既无法伤害作为理性的理智,也无法伤害作为群居性的理智。然而,当真的十分痛苦时,你也可以求助于伊壁鸠鲁的:"并非无法忍受和不会消失的"。你应当记住它是有限的,别再做其他想象。此外,还应该记住一点,日常生活中的许多事情也被看作是痛苦,但事实上,它们只是一些你感觉到的不适,比如困倦、发烧和食欲减退。所以,每当其中有什么东西让你不满意时,你就说:我屈服于痛苦了。

小心,千万不要对那些非人者抱有他们对人类所有的感情。

我们是如何得知特劳格斯[1]在品德上不如苏格拉底的呢？须知，虽然苏格拉底死得更光荣，与智者派辩论得更巧妙，可以更坚强地在石头上度过寒冷的夜晚，当被命令逮捕那个萨拉弥斯人时觉得不服从命令更高尚[2]，"他昂首阔步地走路"（尽管这一点的真实性有待考证），但这些还不够。在此仍要探索，苏格拉底有什么样的灵魂，他是否能满足于对人的公平和对神明的虔诚，不为恶行而愤怒，不为无知所奴役，不对宇宙分配给他的份额感到惊讶或无法忍受，不让理智被肉体的欲望所诱惑。

大自然无法合成这样的混合物，以至于不允许它为自己划定界限，凭借自己的能力完成自己的事情。人被看作是十分神圣的，而且没有人不承认这一点。必须永远记住，幸福生活所需要的是很少的，而若你没有希望成为一名辩论家和自然哲学家，也别因此而不是自由的、谦虚的、合群的和服从神明的。

你能够在没有任何压力的情况下生活在极度满足之中，就算所有人都带着各种各样的希望大喊大叫地反对

1　特劳格斯（Telauges），毕达哥拉斯的儿子，继承了毕达哥拉斯在哲学领域的观点。

2　这段话是指在公元前404－公元前403年，三十寡头在雅典执政，当时苏格拉底不听从他们的命令，并表示他们无法强迫自己作恶。

你，就算野兽撕裂了你这混合物的四肢。须知，就算在如此的环境下，又有什么可以阻碍你的心灵继续保持安静，对周围事物做出正确的判断，并利用一切能够使用的东西呢？因此你的判断力还是能够对经历的事情说："你其实是这个东西，就算你让人感觉不同。"这样运用还是能够对经历的事说："我找到你了。"须知，只要出现在我面前的事物永远是道德的、理性的、社会性的材料，简而言之，是人和神的技术材料。你应当明白，发生的所有事情都与神和凡人有关，它既不新奇，也不难掌握，而是众所周知且制作精良的。

性格的完美之处在于像最后一天一样度过每一天，没有兴奋、麻木和虚伪。

虽然众神不朽，但他们并不烦恼自己必须在如此长久的时间里一直忍受这么多现实存在的卑鄙的人，而且必须在很多方面为他们考虑。但是你，虽然注定要死，而且也属于那些卑鄙的人中的一员，却要拒绝那样做？

这是荒谬的：不避免自己的恶行，虽然这是可能的，却希望避免别人的恶行，虽然那是不可能的。

只要发现理性能力和社会性能力与智性和群居性都不合的，一定会认为其低于自身。

当你做好事，别人得到好处时，为何还要像愚蠢者那样寻求除上述两点外的第三点，即做好事的荣誉或回报呢？

没有人会厌倦受益，顺其自然地做事本身就是益，所以不要厌倦从行善中获益。

宇宙的本性促使宇宙的诞生。如今的所有事物都是在宇宙诞生之后产生的，甚至是那些非常重要的事物。尽管宇宙的主导理性曾经对他们施加过推动力，但它们仍然是没有理性的。如果能记住这一点，你会在很多事情上更加冷静。

第 8 卷

当你做每件事情的时候,问问自己:"这对我而言如何?我不会后悔做这件事,是吗?"我很快就会死去,一切都会消失。若我现在所做的事情是一个有理性的、群居性的、与神灵有着共同法则的人所做的工作,那么我还有什么可要求的呢?

很快你将
永远不复存在

下面的想法能够使你免于追求虚假的名声。你已经无法一辈子，或从青年时期之后，像一位哲学家那样生活。很多其他人和你自己都知道，你远非哲学家。所以，你陷入困局，以至对你而言，已经难以再获得哲学家的声誉了。你的行为准则也与之相反。若你真的察觉到了问题所在，就别去在意其他人如何看你，只要你能按照自己本性所想要的那样去度过余生，就应知足了。你应该认真思考，你的本性究竟想要什么，不要让其他事情打扰到你。须知，你有经验：经历了各种漂泊，但你从来没有在任何地方找到过完美的生活，无论是在逻辑推理中，还是在财富、荣誉、享受或其他任何地方。那么完美的生活到底在何处呢？在人的本性所追求的事物中。那么，一个人要如何去做这些事情呢？倘若他有作为自己愿望和行动来源的准则。一些什么样的准则呢？关于善恶的准则呢：无论是什么，若无法使人公正、节制、勇敢、自由，对人来说就都不是好的；无论是什么，若它不使人具有与上述品质相反的品质，那就不算是恶的。

当你做每件事情的时候，问问自己："这对我而言如何？我不会后悔做这件事，是吗？"我很快就会死去，一切都会消失。若我现在所做的事情是一个有理性的、群居性的、与神灵有着共同法则的人所做的工作，那么我还有什么可要求的呢？

对于第欧根尼[1]、赫拉克利特和苏格拉底来说，亚历山大、盖尤斯[2]和庞培算什么呢？因为他们了解事物，知道事物的原因和本质，而且他们的主导理性属于他们自己。而后者呢，他们需要提前思考的事情有多少，就会成为多少事情的奴隶。

就算你很愤怒，人们也仍然会做那些事。

首先，切勿生气。须知，一切都与宇宙自然规律相适

---

1 第欧根尼（Diogenes），大儒学派哲学家。

2 此处应该指的是盖尤斯·尤利乌斯·恺撒。

宜，很快你将不复存在，就像哈得利安和奥古斯都[1]一般。其次，当你遇到某件事时，应该留心观察，深入了解，同时想到自己应当成为一个高尚的人，无论人的本性要求你做什么，你都应该毫不犹豫地去做，说出自己认为最公平的话，善良、谦虚、不虚伪。

宇宙的本性必须完成这样的事情：把属于此地之物搬到其他地方，然后改变它。所有事物都处于变化之中，但我们不必担心新事物的出现。所有事物都会被我们所熟知，而且它们的总体分布情况并没有发生变化。

对于自然事物而言，当它能够顺利地依循本性而运行时，就会对自身心满意足。如果一个理性的自然实体想顺利地依循本性而运行，那么它的各种思想必须摒弃虚伪和含混，它的活动必须趋向于社会行为，它的欲望和憎恶必须限制在自身的能力范围之内，它还要完全满足于共同的自然理性分配给它的一切。这是因为每一个理性都是共同的自然理性的一部分，正如树叶的本性是其所属树木本性的一部分一样，只不过对树木而言，叶子所属的本性部分

---

[1] 奥古斯都，生于公元前63年，原名盖尤斯·屋大维（Gaius Octavius），是罗马帝国的第一任皇帝，于公元前27年－公元14年统治罗马。

缺少感知力和理智能力，而且这种本性很容易被阻碍。但是，人的本性是不容易被阻碍的，而且是理智的、公正的本性的一部分，它还给每个人公平地分配时间、本质、原因、活力和境遇。我们考察的目的，并非刻意地去发现一个事物与另一个事物是否在各个方面都相似，而是要从整体上来看一个事物是否与另一个事物相似。

对于读书这件事，你可能没有时间去做，或者读不下去。但是戒除傲慢之气、超越快乐和痛苦、戒除对虚名的过分热爱这些事，你一定要抽出时间去做，而且你有能力去做。

不要因为那些愚蠢的人和忘恩负义的人而烦躁，你完全可以无视他们。

不要再让任何人，包括你自己，听到你对宫廷生活的抱怨之声。

后悔是这样一种事：因为轻忽了某件有益的事情，所以你为此深感自责。好的东西通常有可用之处，至善之人通常乐善好施。但是至善之人并不会因为错过了某种快乐而心存遗憾，这就说明快乐既不是有用之物也不是为善之物。

当你描述某种事物时，可能要解答这些问题：它的自身是什么？它的结构是什么？它的物质内容和组成原料是什么？它的形成原因是什么？它正在这个世界上做什么？它能存在多久？

如果你天天躺在床上，不愿动弹，那么请你想想：只有积极地参加各种社会活动，才符合你的天性和作为一个人的本性，而睡眠这种行为，你与无理智的动物并无差别。不过，符合个体本性的东西，必然有专属于其自身的特性，而且这一特性往往会令个体感到更亲切、更贴近、更快乐。

若是有可能，对心灵的每个印象进行物理研究、伦理研究和辩论式研究。

无论你遇到谁，立即向自己提问：这个人有着什么样的善恶观？因为若他对幸福和痛苦及其原因、对荣誉和耻辱、对死亡和生存有这样或那样的看法，那么当他做出这样或那样的行为时，我不会感到惊讶或意外，而且会明白他是不得不这样去做。

必须记住，就像惊讶于无花果树结出无花果是令人汗颜之事那样，惊讶于宇宙创造出这样或那样本就归它创造的东西也是如此，正如医生惊讶于看到病人发烧、舵手惊讶于起了逆风一样值得羞愧。

必须记住，改变自己的观点和听取他人的纠正意见同样是自由的，因为那是你的主观能动性在根据你自己的意愿、判断和理智行事。

若事情由你决定，那你为何要做这件事？若由别人的决定，那么你会责怪谁？责怪原子还是神灵？这两种情况都很疯狂。不应该责怪任何人。因为如果可能的话，就去纠正它；如果不可能，就纠正事情本身；如果这也不可能，那责怪又有何用？你不应该做无用的事。

死去的事物不会被扔出宇宙。若它留在这里，就必会在这里发生改变，分解成原来的成分，它们既是宇宙的元行，也是你自己的元行。它们毫无怨言地发生着改变。

所有生成的事物都肯定有某种特定的用途，比如马和藤蔓。你为何感到惊讶？就连太阳神赫利俄斯也曾说："我生来也是为了完成某种工作的。"其他的神灵也是如此。那么，你是为何而出生的？为了消遣？你看，你能这么想吗？

大自然对万物终结的关注不亚于对其诞生和存在的关注，就像往上扔一个球一样。什么对抛来的球有好处，抑或对掉下来的球有坏处？泡沫凝结有何好处？泡沫破裂又有何坏处？同样的问题也适用于灯火。

你翻转一下身体[1]，看看它是什么样子？当它老了，是什么样子？当它生病时，又是什么样子？

不管是赞美者还是被赞美者、记忆者还是被记忆者，生命都是短暂的。不仅如此，所有人不过生活在大地的一个角落里，而且还无法和谐地共同生活，甚至一个人自己和他自己也是如此。整个大地不过是一个点。

留心观察你面前的事物，无论它是一个行为、一个原则，还是表示某种意义。

你应当领受这些惩罚，因为你宁愿明天做一个好人，也不愿今天就当一个好人。

我在做什么？我想做些对人们有益的事情。我经历了什么？我应当接受它，因为我把它归于诸神和万物的根源，万物都是从这根源中产生的。

就像洗澡让你感觉到的一样。油渍、汗水、污垢、黏稠的脏水，所有恶心的东西；生活里的每一部分和经历的每一件事也是如此。

---

1 翻转一下身体，这里指的应该是儿童时期。

卢基拉[1]埋葬了维鲁斯[2]；塞康达埋葬了马克西穆斯[3]，而后塞康达也被埋葬了；埃皮廷卡努斯[4]埋葬了狄奥提摩斯[5]，而后埃皮廷卡努斯也被埋葬了。安托尼努斯[6]埋葬了福斯提娜[7]，而后安托尼努斯也被埋葬了。[8]一切都是这样。克勒尔[9]把哈得利安送走了，然后克勒尔也死了。那些名人，或是有远见的人，抑或是傲慢的人，如今又在何处？著名的卡拉克斯和柏拉图派哲学家得墨特里奥斯[10]、欧达

---

1 卢基拉（Lucilla），奥勒留的母亲。

2 维鲁斯（Verus），奥勒留的父亲。

3 马克西穆斯是奥勒留的老师，塞康达（Secunda）是马克西穆斯的妻子。

4 埃皮廷卡努斯（Epitynchanus），应该是哈得利安的仆人。

5 狄奥提穆斯（Diotimus），哈得利安的仆人或亲信，生活在约公元前100年。

6 指的是安托尼努斯·皮乌斯（Antoninus Pius）。

7 福斯提娜（Faustina），安托尼努斯·皮乌斯的妻子，死于公元141年。

8 联系上下文，这一段的大致意思应该是在某个人死后由另一个人埋葬，然后埋葬他人的那个人也离开人世了。

9 克勒尔（Celer），哈得利安的秘书。

10 得墨特里奥斯（Demetrius），应该是指得墨特里奥斯·法勒柔斯，哲学家，也是雅典最后一位政治家，约生于公元前350年。公元前318年，得墨特里奥斯受马其顿国王卡珊德罗斯的委派，在雅典执政十年。公元前297年，得墨特里奥斯成为亚历山大图书馆馆员，写下了很多作品。

蒙[1]以及类似的人又怎么样？万物日生夜灭，有些人很快就会被忘记，有些人则成为传奇人物，还有些人在传说中也消失不见。所以你更应该记住：你的肉体也会被分解，你的呼吸也会停止，你也会被转移，去往另一个地方。

---

1 欧达蒙（Eudamor），根据推测应该是一个占星家。

不傲慢地接受，
不勉强地放弃

做真正的人的事情会给人们带来幸福。真正的人的事情便是善待同类，轻视感官活动，对似是而非的印象形成正确的判断，仔细观察宇宙的本性，以及顺应宇宙本性所发生的所有事情。

你将有三种关系：第一种是对你的身体，第二种是对万物产生的神圣的因，第三种是对和你一起生活的人。

对肉体而言，痛苦的确是恶，那就让它消失吧；也许它对灵魂而言也是一种恶，但灵魂可以保持自己处在光明和平静中，不将痛苦看作是恶。因为所有的判断、希望、欲望和厌恶都是发自内心的，没有任何恶能从外面渗透。

为了消灭妄想，时常告诉自己："如今我有能力让自己的灵魂不存在邪恶、欲望和任何纷乱。我需要通过观察万物的本性，根据它们的价值来利用它们。"必须牢牢记住这种适应自然的能力。

不管你是在参议院发言，还是对任何人讲话，都应该清晰自然。

奥古斯都、妻子、女儿、后代、祖先、姐妹、阿格里帕[1]、族人、家人、朋友、阿瑞尤斯[2]、迈克纳斯[3]、医生、占卜师，整个王朝的人都死了。再看看其他家族的经历，不仅仅是一个人的死亡，而是整个家族，比如庞培家族[4]，那里的墓志铭上写着"整个家族中的最后一个"。请想想他们的祖先是怎样想拥有后代、留下后人的，但是必须有一个人成为最后一个。这就是整个家族的灭亡。

你应该通过一件件事去创造生活，且若每件事都能达到其应有之目的，那就应该感到满足。没有人能阻止你，让你的行为无法实现目标。"但也可能会受到某种外部力量的抵制呢？"没有什么能妨碍你那公正、明智和谨慎的行动。"其他方面可能会受到某个拥有同样力量的东西的

---

1 阿格里帕（Marcus Vipsanius Aqrippa），很受奥古斯都信任的亲密手下，生活在约公元前63年－公元前12年。

2 阿瑞尤斯（Areius），奥古斯都宫里的哲学家。

3 迈克纳斯（Gaius Nilcius Maecenas），奥古斯都的顾问，负责保护文艺。

4 指的是罗马共和国末期的庞培·马格努斯（Pompeius Magnus）家族。

阻碍？"那就心甘情愿地接受这个阻碍，将你的行动转移到其他适当的事情上，这时另一件事情就会以我们所说的适当的安排直接出现在你的面前。

毫不傲慢地接受，毫不勉强地放弃。

如果你看到过一只手或一只脚被砍掉，或者看到过一颗脑袋被砍掉，离开身体的其他部分躺在那里，那么当一个人不满于所发生的事情，将自己与世界隔离，或者单独行动时，那就是他在尽最大的努力使自己变成那样。你已经在某种程度上把自己从自然整体中分离出来，但此处还有一种聪明的做法，能够让你与整个世界重新联系起来。诸神从未允许过任何其他部分这样做，让已经离开和被切断的部分重新连接。但是请看诸神的仁慈，神明以这种仁慈使人类享有荣耀。须知，它使人不再与整个宇宙永远分离，而是使人在分离后可以重新回来，重新依附于整体，为这一部分安排位置。

因为宇宙本性给予每个有理性的事物几乎所有的能力，所以我们也有这种能力：宇宙本性可以以各种方式，在命定的份额中对所有阻碍和反对它的事物进行改变和安排，使之成为它自身的一部分；理性动物也可以把所有的障碍变成自己的材料，并利用它们，达到预期的目的。

切勿让自己被生活的想象所干扰。对于自己可能会遭受多少和怎样的痛苦，别去想太多，而要问问自己现在正在发生的一切：那件事中到底有什么是无法忍受和不可抗拒的？你可能会羞于承认，但你也应该提醒自己，让你感到负担的永远不是未来，也不是过去，而是现在。若你能把自己局限在当下，并且责怪自己的心灵，为什么不能忍受这样一件小事，那么你的痛苦将会减轻。

潘特娅[1]或者佩尔伽穆斯[2]是否仍坐在卢基乌斯·维鲁斯的坟墓旁？那又如何呢？哈布里阿斯[3]或狄奥提摩斯是否仍守在哈得利安的坟墓旁？真是好笑。那又如何呢？若他们一直坐在那里，死者会知道吗？即使死者知道，他会感到快乐吗？即使感到快乐，这些人能活过来吗？他们不是仍旧会像命运所安排的那样，先变成老妇或老翁，最后死去吗？在这些人死后，他们所悼念的人又如何了呢？所有这些都是包在皮囊里的一汪脓水而已。

若你可以敏锐地观察，就像哲人所说的那样，去明智地观察并且做出判断吧。

在理性动物的身上中，我看不到与正义相反的美德，

---

[1] 潘特娅（Pantheia），卢基乌斯·维鲁斯的妻子。
[2] 佩尔伽穆斯（Pergamus），卢基乌斯·维鲁斯宠信的随从。
[3] 哈布里阿斯（Habrias），哈得利安皇帝宠信的手下。

但我看到了与快乐相反的克制。

如果你能消除"让你感到痛苦"这种判断,你自身就会处于一种非常稳定的状态。你会问:"什么是'我自己'?"自我就是理性。"可是我不是理性。"就算是如此吧。那便让理性别让它自己痛苦。若你还有其他感觉不舒服的部位,让它自己判断自己吧。

感觉障碍是生命本性的缺陷,欲望障碍也一样是生命本性的缺陷。某种其他障碍也一样是植物体的缺陷。所以,理智障碍一样是智力本性的缺陷。请把这个真理应用到你自己身上。你是否遭受痛苦或快乐的困扰?那便让感觉去观察吧。当试图做某事时,你是否充满了障碍?若是你追求的太多了,这无疑对你这个理性动物不利。然而,若你可以接受这个共同的真理,那你就还没有受到阻碍,没有被束缚住。无论如何,没有人可以从内心阻碍属于理性的东西,火、铁、暴君、诽谤等,都无法阻碍它:"只要形成一个球体,它将永远是圆的。"

我不应该让自己痛苦,因为我从来没有有意让别人痛苦。

不同的事物可以带给不同的人快乐。对我来说,若我可以使自己的主导理性健康,不轻视任何人和他们所经历的事情,用善良的眼光观察每一个事物,并根据每一个事物的价值接受和利用每一个事物,那将使我感到快乐。

注意,你应该让自己对现在的时光感到高兴。那些更加追求死后名誉的人不会想到:那些未来的人和现在他们觉得厌恶的人一样,而且未来的人也会死去。所以就算未来的人对你有各种各样的争议或看法,这对你而言又有什么关系呢?

你可以抓捕我,把我扔到任何你想扔的地方。因为在那里,我仍会让自己心中的神灵保持善良,或者说仍保持满足,若它仍然可以保持并按照自己固有的规律去行事的话。

我的灵魂会因此忧郁、消沉、沮丧、渴求、灰心和恐惧吗?这值得吗?你能为此找到适当的理由吗?

人不会遭遇任何与人的遭遇不合之事,就像牛不会遭遇任何与牛的遭遇不合之事,葡萄树不会遭遇任何与葡萄树的遭遇不合之事,石头不会遭遇任何与石头本性不合之事。

所以,若发生的事情都是习惯性的和自然的,那你为何不满呢?须知,共同的自然理性不会给你带来任何你无法承受的事物。

若你因为某种外在的事物而痛苦,那么困扰你的不是那个事物,而是你对那个事物的判断。你可以立即将其从自己那里移除。若你自己性格中有某些东西困扰着你，那么谁能阻止你纠正自己的信条呢？同样，若你由于没有做一些让你感觉良好的事情而感到烦恼，那你为何不去做那件事，而是烦恼呢？"但有一个更强大的东西挡住了你的去路。"那你也不用烦恼，因为没去做事的理由不是你。

切记，主导理性是无法战胜的，因为它滋养自己，满足于自身，不做任何自己不想做、且可能是非理性安排的事情。所以，当它根据理性对某件事做出严肃的判断时，那又会如何呢？消除了愤怒的心灵是一座堡垒，一个人无法拥有比这更坚固的堡垒，可以逃往那里，不被攻破地留下来待着。因此，那些没发现这个安全地方的人是愚蠢的人，而那些发现了它却没逃往哪儿去躲避的人是不幸的人。

除了最初印象所报告的之外，别对自己说更多的话。有人告诉过你，说有人在说你的坏话。有人如此告诉你了，但没有告诉你这对你造成了什么损害。我看到我的孩子生病了。我看到了这个，但我没看到他有危险。所以，必须永远这样想第一印象形成的想法，不要自己由着内心去乱想，这样你就不会发生任何不幸。但要补充说明的是，你对世界上发生的一切都要很熟悉。

"这根黄瓜是苦的。"那你就把它扔掉。"这条路上有荆棘。"那你就绕开它走。请别补充说:"为何世上会存在这些事物?"因为那样你会被了解自然法则的人嘲笑,就像你在木匠店和制革店发现被砍下来的碎木屑或皮革碎片后指责他们,因而被他们嘲笑一样。他们有丢弃这些东西的地方,但宇宙本性在自身之外没有这样的地方。这项技艺的聪明之处在于,宇宙本性已经自我界定,内部所有腐朽、老化和无用的东西都被变成了原始材料,并由它们创造出了新的东西,以至于它不需要外部材料,也不需要可以丢弃腐朽东西的地方。所以,它满足于自己的空间、材料和技能。

行事不要太慢,说话不要杂乱,思想不要游移,灵魂不要全然只关心自身或是过度地焦躁不安,生活不要一直忙碌而不停歇。

"他们想杀(我们),要砍(我们),他们诅咒(我们)。"这些如何能阻止你的内心继续保持纯洁、平静、谨慎和公正呢?若有人站在清澈甘甜的泉水旁指责泉水,泉眼也不会停止涌出鲜美的泉水;就算把污泥甚至污秽扔进泉水中,泉水也会迅速把它们冲洗干净,不会受到任何污染。那么,我们如何才能有一个不断流动的泉眼,而不是一口水井呢?只要你能随时保持警觉,让自己进入善良、朴实和谦逊的自由境界。

不知道宇宙是什么的人，就不知道自己在哪里。不知道宇宙生长目的的人，就不知道自己是谁，也不知道宇宙是什么。缺乏这种知识的人必定也无法说出他自己为什么活着。所以，你如何看待那些逃避或追随这些不知道自己是谁或不知道自己身在何处者所赞扬的人呢？

如果有人一天咒骂自己三次，你还想被他表扬吗？如果有人对自己都不满意，你还指望他能对你满意吗？如果有人后悔自己所做的一切，那他能满意自己吗？

不仅要与周围的空气和谐地呼吸，还要与包含一切的理智和谐统一。因为理智力无处不在，萦绕在那些能够吸收它的人之间，就像空气充满于那些能够呼吸的人之间一样。

一般来说，恶无法伤害到宇宙，而且一个人的邪恶无法伤害到另一个人。它只会伤害到他自己，而只要那个人愿意，他就可以背离和抛弃恶。

一个人的邻居的自由选择能力与这个人的选择能力无关，就像邻居的呼吸和身体一样对此人无关紧要。因为虽然我们生来就是为了相互依赖的，但我们占主导地位的理性却是各自为主的。否则，邻居的恶就会变成我的恶了。这并非诸神所愿，以免我的不幸影响了其他人。

太阳似乎射下了光，而且似乎射下了所有的光。事实上，它并没有射完。因为"射"本身就是一种延伸，所以太阳光在希腊文里被称为"伸直"或"延伸"。那么，什么是太阳的光呢？

如果你去观察阳光透过狭小的缝隙照进黑暗的房间，就能够很容易发现，此时它直射进来，撞到一个固体上，将那里的空气分开。它停止了，既不上升，也不下降。人类心灵的射出和散射应该也是如此，不是射完，而是延伸，遇到障碍时既不要求强行通过，也不进行激烈抵抗，也不气馁，而是静止不动，照亮接受它的物体。那些不允许光线通过的物体，就是自己剥夺了自己接受光线的机会。

害怕死亡的人其实是害怕失去感觉，或者是害怕另一种不同的感觉。但既然没有感觉到，你就不会感到任何不适；既然你有了另一种感觉，你就将成为另一种生命，并且没有停止生命。

人生来就是为了相互依赖的，所以你应该教导他人、宽容他人。

箭头以一种方式运动，理性以另一种方式运动。然而理性，不管是在观察还是在思考感官获得的知识时，总是沿着一条直线前进,并且必须实现自己的目标。

进入每个人的主导理性,也让所有其他人进入你自己的主导理性。

第 9 卷

不要轻视死亡，而要把它当作自然之道想要的东西之一，快乐地满足它。须知，就像年轻、年老、成长、壮年、长胡须、白发、播种、怀孕和分娩，以及许多其他自然活动一样，这也是一种解体。这便是思考人类的结果。所以，不要以冷漠、渴望或轻蔑的态度对待死亡，而要将死亡看作自然活动之一去期待。

审视你自己的主导理性

不公正就是不虔诚。须知，宇宙本性创造出理性动物，是为了让他们互相帮助，履行各自的职责，相互补充，而不是相互伤害。所以但凡违背其意愿的人，就是不敬重神灵的最高本性。

说谎者也是不敬重神灵的本性。应当明白，宇宙本性就是现存所有生物的本性。所有现在存在的事物都和所有之前存在的事物密切相关。宇宙的本性，也称之为真理，并且它是所有真实事物的第一造因。如此一来，故意说谎的人就是不虔诚的，因为欺骗是不公平的；无心说谎的人也是不虔诚的，因为他也与宇宙的本性不相容，也与宇宙的本性相冲突。须知，他不服从真理，就肯定会与宇宙的本性相冲突。事实上，他原本已经从自然中获得了这些能力，但是因为疏忽，他现在成了分不清谎言和真相的人。

一个将享乐当作善来追求的人、将痛苦当作恶来逃避的人也是不虔诚的。须知,这种人肯定会责怪宇宙本性不主持正义,因为虽然是根据他们应该得到的东西来给卑劣者和正直者分配命运,但往往是卑劣者在享乐中,拥有可以用来享乐的东西,而正直者却经常经历苦难,遇到会造成痛苦的事物。而且害怕痛苦的人也一定会害怕宇宙中即将发生的事情,这就是不虔诚的。追求享乐的人不会放弃不公正,这显然也是不虔诚的。

对于公共的宇宙本性平等地拥有的事物——因为如果自然之道不是平等地拥有这两种事物[1],自然之道就不会创造它们——凡是想要顺应自然之道做事的人也应该与自然之道意见一致地平等对待。所以,对于痛苦与幸福、死亡与生存、荣誉和耻辱,以及自然之道平等看待的所有事物,如果一个人无法平等地对待,那显然也是不虔诚的。我说的共同的自然之道平等地对待这些事物,指的是同样由于神意的原始推动循序产生及其后果的所有事物,自然会遵循这一神意,因为某种推动力为了建立秩序,为即将发生的事物制定了一定的规则,赋予了物质产生事物以及变化和延续的能力。

---

[1] "这两种事物"指的是上文说过的痛苦与幸福等性质截然不同的两种事物。

一个人离开这个世界时，最好不知道什么是欺骗、虚伪、奢侈和傲慢。"第二好"[1]的是在厌倦了这些行为后死去。难道你宁愿与恶行相伴，在尝试之后仍然无法逃脱这瘟疫吗？让心灵被这种瘟疫所毁比周围空气的任何污浊和变化危害都大。后者是动物引起的瘟疫，危害生命；而前者是人类瘟疫，危害人类。

不要轻视死亡，而要把它当作自然之道想要的东西之一，快乐地满足它。须知，就像年轻、年老、成长、壮年、长胡须、白发、播种、怀孕和分娩，以及许多其他自然活动一样，这也是一种解体。这便是思考人类的结果。所以，不要以冷漠、渴望或轻蔑的态度对待死亡，而要将死亡看作自然活动之一去期待。正如你现在希望新生儿从你妻子的子宫里出来一样，你也必须接受自己的灵魂离开你肉体的那一刻。

若你想要得到一点精神上的安慰，那么最能让你平静死去的应该是观察你将要留下的东西，以及你的灵魂不再与之相交的那些人的道德。须知，你不应该粗鲁地对待那些人，而应该关心他们，随和地对待他们，但你应该想到，你需要回避的不是那些与你有共同观点的人。事实

---

[1] 原文是一个成语，直译为"第二次航行"。

上,若你看到可以和那些志同道合的人生活在一起,那是唯一可以让我们向往和维持人生的事物。但现在你看到了,这种生活在一起的不和谐是多么让人难以忍受,以至于你甚至会大声喊:"死亡啊,快来吧,否则我可能会忘记自己是谁了。"

作恶者是对自己作恶;行不义者是对自己行不义,因为他让自己成为一个不义之人。

不做某事的人也往往是不公正的,不仅仅是那些做某事的人。

当下的观点是基于对事情的理解,目前的行动与公共利益相一致,现在的心态对外部发生的事情感到满意,如此便足够了。

消除妄想,抑制冲动,摈弃欲望,让你的主导理性维持在自己的能力范围之内。

一种灵魂被分配给没有理性的动物,一种智慧的灵魂被分配给理性动物。正如一切大地上的物体都来自土一样,我们都处在同一个光明中,可以看到,可以呼吸同样的空气,都拥有视力和灵魂。

拥有共同元行的事物往往倾向同类。所有由土形成的东西都会沉入泥土,所有液体物质都会流到一起,所有的气体也是一样,以至于必须用暴力才能分开它们。火因为元行之火而上升，同时它又打算和这里所有的火一起燃烧，因此它可以点燃所有比较干燥的东西，因为这些东西本身就含有较少阻止燃烧的物质。所以，所有分享自然本性的共同智慧的事物往往是同类的，甚至带有更强的倾向。须知，正如它比起其他东西有多优越一样，它对与同类品混合和融合也有多愿意。

无论如何，在没有理性的动物中，能够发现有蜜蜂、牛群、对幼崽的抚养，似乎还有爱[1]。显然，这里已经存在灵性，这种聚合的起源是在较为高等的生物中出现的，在植物、石头或树木中都不存在。在理性动物中，有着群体社会、友谊、家庭、集会、战争中的订立条约和休战。但在更高级的事物中，分离中仍存在某种统一状态，例如在星辰之间。所以说，在提升到一个较高的状态后，甚至在分离的事物之间，也存在一种形成共同感的力量。

然后再看看现在的真实存在。事实上，如今只有在理性动物中才能忘记彼此之间的热情和一致，只有在他们中间看不到这种融合性。但是，虽然他们以这种方式彼此回避，但还是被捆绑在一起，因为自然本性有着强大的力量。你不妨好好看看我说的情况。无论如何，和找到完全

---

[1] 此处"爱"主要指的是性爱。原文用词的本意是一种相思草，用来代指纯洁的爱情。

脱离世界的人相比，找到一个不沾一点灰尘的黏土制品要更容易一些。

人、神和宇宙都在各自合适的季节结出果实。若是通常习惯用这个词来指代葡萄和其他类似的东西，那也没有关系。理性也会结出果实，既是公共的，也是自己的。它产生的东西与它自身相似。

若是做得到，你就去纠正；若是做不到，那么请记住，你是带着善意去处理这件事情的。诸神对这些人也是心怀善意的，甚至有时还会帮助他们，使他们健康、获得财富、享受荣誉。诸神就是如此善良。所以你也可以这么做，或者你可以说说看，谁能阻止你呢？

完成你的工作，但别像一个苦工，也别期望得到同情或赞扬。只可以期待一点，那就是不管行动还是停止，都应该按照社会理性的要求去做。

今日我摆脱了一切烦恼，更恰当的说法是，我抛弃了全部的烦恼。因为烦恼不是外在的，而是内在的，在我们的意识中。

每件事都是熟悉的经历，时间短暂，本质低劣。现在的这一切与那些已经被埋葬的完全相同。

各种各样的东西都在门外站着，它们自己不了解自己，对自己也没有认识。那么，评判它们的标准是什么呢？是主导理性。

理性的、社会性的动物的善与恶不在被动之中，而在主动之中，就像善与恶也不在被动之中，而在主动之中一样。

对于一块被抛起的石头来说，坠落并不是坏事，上升也不是好事。

深入研究他们的主导理性，你会发现，你所害怕的是一些什么样的法官，他们的判断又有什么样的价值？

一切都在变化，你自己也在不断地变化，而且在趋于某种毁灭，整个宇宙都是如此。

应该把别人的恶行留给他自己。

活动的停止、激情和思想的停止，它们也像是某种死亡，但并非恶。现在请回首你的一生，可以分为童年、青年、成年和老年，其中每一个变化都是死亡。这里有何可怕之处？再看看在你祖父身边的生活、在你母亲身边的生活以及在你父亲身边的生活，你会发现许多其他的差异、变化和停止。"这里有何可怕之处？"所以，整个生命的终止、停止和改变也同样地不可怕。

赶紧审视你自己的主导理性，审视宇宙的主导理性，审视你邻居的主导理性。审视你自己的主导理性，是为了让它公正；审视宇宙的主导理性，是为了让你可以记住自己是它的一部分；审视你邻居的主导理性，是为了让你可以了解他是无知的还是博学的，并且判断他是否与你相似。

就像你自己是社会群体中的一员那样，也应该让你的所有行为成为社会生活的一部分。所以，如果你有任何与公共目的没有直接或间接关系的行为，那么它就会扰乱你的生活，制造纠纷，就像一个人离开群体社会在乡村独居，失去和谐一样。

孩子们的争吵和游戏，"可怜的灵魂支撑着尸体"，更清晰地展现出如同亡灵世界一样的场景。

仔细观察一种形式的本质，将它与物质分开，进行思考，然后确定这种特殊事物能够存在的最长时间。

你感到非常苦恼，因为你对自己主导理性的所作所为不满意，即使那些是既定的安排。但这就足够了。

每当有人指责你、厌恶你，或公开谈论这些事情时，你就必须面对他们可怜的灵魂，深入他们的内心，看看他们到底是些什么样的人。然后你就会明白他们对你的看法，但你不必在意。不过你应该善待他们，因为从本性来看，他们是你的朋友。此外，诸神还使用各种方法，如通过梦和神谕，来帮助他们实现他们想要达到的目的。

这些都是宇宙运动的循环，向上，向下，从一个时代到另一个时代。或许是宇宙思维激发了这一切。若果真如此，那你就接受宇宙可能激发的一切吧。或者一旦触发，其他事情的变化都是其顺序延续的后果；或者是原子通过某种方式作用的结果，是无法分割的。至于整个宇宙，如果有神灵，那么所有事物都会处于良好状态之中；若一切都是偶然发生的，那你也不要违抗偶然。

很快大地将埋葬掉我们所有人，然后整个大地本身也会改变，接着又是改变。须知，当一个人想到这一层层的变化和转变时，他就会轻视所有如此迅速降临的死亡。

让你的意志符合公共利益

宇宙的起源就像一股浑浊的急流，带来了世间万物。那些忙于社会事务并认为自己在从事哲学实践的可怜人是多么没有价值啊！一派胡言。可怜的人啊，你好吗？现在你就做自然之道要求你做的事情吧。若你被赋予力量，那就努力行动，不要张望四周，担心会不会有人知道。别去期待柏拉图的国家，而要满足于一点小小的成功，并将其看作是微不足道的。须知，谁能改变人们的信仰？既然无法改变信仰，那么除了让他们感叹着奴隶般的服从，不得不去做以外，又能如何呢？现在，请告诉我亚历山大、腓力[1]和得墨特里奥斯·法勒柔斯的情况。对于自己是否明白了共同的自然之道的意愿，以及对自己的训练，他们自

---

[1] 腓力（Philip），马其顿国王亚历山大的父亲。

己会做出判断。如果他们扮演了悲剧角色,没有人会因为我没有模仿他们而责怪我。哲学工作是坦率而谦虚的,别让我傲慢自大。

让我们俯视无数的人群、无数的宗教仪式、在风暴或平静的海洋中的航行,以及从出生到成年再变老的变化。请再思考一下其他人以前已经经历过的生活,在你之后人们将要经历的生活,以及野蛮人现在的生活。有多少人永远不知道你的名字,有多少人很快就会忘记它,有多少现在赞美你的人很快就会以同样的方式指责你。不管是身后的名望、荣誉,还是其他什么东西,都是没有意义的。

对来自外部原因的事情必须保持冷静,对发自内心的行为必须坚持公正。换句话说,让你的意志符合公共利益,因为对你而言,这才符合自然本性。

你可以摆脱很多不必要的烦恼,因为它们全部存在于你的意念中,而且你能够马上为自己打开一个更广阔的领域,当你用自己的智慧去包容整个宇宙,思考永恒的时间,观察万物各部分的快速变化,观察生命从诞生到解体的短暂,观察生前时间的深邃、死后时间与其同样无限的时候。

你现在所看到的所有事物很快都将腐朽毁灭,那些看到这一切腐朽毁灭的人自己也将很快腐朽毁灭。暮年而终的人将和英年早逝的人去往同一个地方。

这些人的主导理性是什么样的？他们喜欢做些什么？他们为何喜欢并重视它们？仔细看看他们赤裸的渺小灵魂吧。他们以为他们的指责可以给人带来伤害，他们的赞扬可以让人受益。这是怎样的想法啊！

失去不是别的，就是改变。宇宙的本性喜欢改变，所有事物都是根据宇宙本性顺利生成的。由古及今一直都是如此，在永恒的未来仍将如此。那么你怎么能说，觉得所有的事物都是坏的，而且永远都将是坏的，在诸神中没发现有什么力量可以纠正这些不好的事物，而这个宇宙将存在于无限的恶的事物中！

腐朽隐藏在一切事物的质料中：水、土壤、骨头、腥气。换句话说，大理石是泥土的凝块，金和银是地下的沉积物，衣服是一堆毛发，紫颜色是血，所有其他的东西也是如此。灵气也是另一种同类的东西，而且可以从一种变化成另一种。

够了，这可怜的一生，充满怨恨和欺骗的一生。你为何要苦恼？这里面有什么新鲜玩意？什么事让你不安？为什么呢？你就好好观察吧。那么事物的本质呢？你也观察本质。除了这二者之外，再无其他。但还是向神祈祷吧，愿你变得更加单纯、更加善良。

用一百年还是三百年去探索这些东西都是一样的。

若他做错了，他会受害。但也许他没有做错。

可能所有的事物都来自唯一的智慧源泉，因此可以聚集成一个整体，那么作为他们中的一部分就不应该抱怨自己为整体所做的事情。或者可能是一些原子，除了混合和分解之外，什么都没有。那你为什么要烦恼呢？对主导理性就这样说："你已经死了，你已经腐烂了，你已经变成了一头野兽，你在欺骗，你想群居，你去放牧吧！"

神灵要么没有任何力量，要么有力量。如果他们没有力量，你为何要向他们祈祷？如果他们有力量，你为何不求他们让你不要害怕任何自己所害怕的事情，不要渴望任何自己所渴望的事情，不要被任何事情所困扰，而是祈祷不要让某事发生或允许某事发生呢？因为毫无疑问，如果他们可以帮助人们，他们就可以在这些方面提供帮助。但你可能会说："诸神已经把这些东西托付给我了。"那么，你就自由地去处理自己所能做的事情吧，这难道不比像奴隶一样卑微地担心自己做不到的事更好？谁告诉你，甚至在由我们处理的事情上神灵也不会提供帮助？但无论怎样，你就为这些事情去祈祷，看看会发生什么。有人祈祷说："我如何能和那个女人一起睡觉？"你可以祈祷说："我如何才能不想和那个女人一起睡觉？"另一个人祈祷说道:"我如何才能不失去自己的孩子?"你就祈祷说:"我如何才能不担心失去自己的孩子?"总的来说,你就这么祈祷,看看最后会发生什么吧。

伊壁鸠鲁曾说:"当我生病时,我的谈话没有涉及身体上的疼痛,也没有向来访的人提起这些问题,而是继续讨论自然哲学的本质,并且对这个主题格外关注,那就是心灵在共同分担肉体运动的同时,如何能够在不受干扰的情况下,继续保持自身的强大。我也不允许医生傲慢自大,仿佛他们在做什么伟大的事情一样,事实上我自己活得很好。"如此一来,如果你生病了,也应该像他在生病时那样,在其他情况下也要那么去做。须知,每个哲学流派都相信,不管你放弃了什么,都不能放弃哲学,也不能和不研究自然哲学的人进行无意义的谈话,这是所有哲学流派的共同原则……专心于你现在正在做的事情,以及完成这项工作所需的工具。

每当你对某人的无耻行为感到恼火时,你应该立即问自己:"这个宇宙中可能不存在无耻的人吗?"不可能。那么,请别再要求不可能的事。须知,这个人只是宇宙中必然存在的那些无耻之徒之中的一个。对于狡猾者、不守承诺者以及一切作恶者,你都要这样对待。必须明白,只要你能同时提醒自己,这样的人不可能不存在,你就会更好地去对待他们。立即思考这一点也很有用:"对于这种错误行为,自然赋予了人类什么样的美德来进行抵制。"事实上,正如自然给予我们温和作为无知者的解药一般,自然也给了我们一些针对其他类型的人的某种能力。

无论在任何情况下,你都可以教一个被误导的人改正错误。须知,任何做错事的人都是因为失去目标而误入歧途。你有哪里受到伤害了吗?事实上,你会发现,在那些惹你生气的人中,没有人做过什么可能伤害你心灵的事,而你认为的恶和受害完全是你的心理在作祟。

一个没受过教育的人做了一个没受过教育的人做的事,这有什么不对或值得令人惊讶的地方吗?你看,你并不认为应该更多地责备自己,因为你事先没有意识到他会这么做。须知,你本可以根据自己的理智判断他会做这样一件错事,但你忘了,反而惊讶于他居然做了错事。

在大多数情况下,当你指责一个人不诚实或忘恩负义时,你必须回过头来责备你自己。因为很明显,这是你的不对,无论你原本认为这个人有守信的品质,还是你在施恩的时候没有完全给予,以至于对方觉得没能从你的行为中直接得到所有的果实。

在为他人做了好事之后,你还想要什么?你是否对顺应自己自然本性所做之事感到不满足,而想要得到回报?

这就像是，你的眼睛看到什么东西并要求奖励，或者如果你的双脚因为走路也要求奖励一样。须知，正如它们生来就是为了观察和行走的，它们做这些特殊的事情只是为了履行自己独特的义务，人类也是如此，生来就是为了做好事的。当他做了什么好事，或者做了什么有利于公共事业的好事时，他也只是做了自己应该做的事，并且得到了自己应得的东西。

第 10 卷

每当你对某人的错误行为感到愤怒时,你就立即问自己是否会犯同样的错误,比如你是否会认为金钱是一件美好或令人快乐的事物,或者追求荣誉和好名声。须知,如果你如此思考,就会很快忘却自己的愤怒,而且你还可以这样想,那个人是被迫犯错误的,他又有什么办法呢?或者如果你可以做到的话,就帮他解除这一压力。

从容而灵活，
快乐而冷静

　　我的灵魂啊，你会变得善良、诚实、简单、赤条条，比包裹你的肉体更显眼吗？你会感觉到亲切和爱的情感吗？你能达到充实，不缺乏、不渴望、不贪求一切有生命和无生命的事物来满足享乐吗？你也不指望时间能让自己享受得更为长久吗？你也不追求适合的地方或乡下，也不要求人们和谐相处，而是满足于现状，对自己现在拥有的一切感到高兴，并且相信自己现在拥有的一切都来自神灵，相信现在的一切都适合自己，将来也会一样，既然它们使得众神灵满意，而且神灵还会继续给予，以维持这个完美的存在[1]，这个善良、公正、美丽、可以产生一切、可以包含和容纳所有腐烂的东西，并把它们变成同样的新东

---

[1] "完美的存在"是指自然或宇宙。

西的存在吗？最终，你也会像这样与神灵和人类生活在一起，不责怪他们，也不被他们责怪吗？

必须细心观察你的本性对你的要求，因为你只受本性的支配；然后，若你作为生命物的本性不会受到损害，你就采取行动，而且要立即行动起来。接着，你要好好观察你那作为生命物的本性要求的是什么；若是作为一个有理性的生命物的本性不会受到损害，你就必须接受所有的要求；只要是理性的，也是就与社会相合的。运用这些指导原则吧，别去浪费时间在其他方面了。

所有事情都是如此发生的：要么你生来就可以容忍它，要么你生来就无法容忍它。所以，若它作为你生来就可以容忍的事情发生了，那就别去烦恼，把它当作自己生来可以容忍的事情来承受就行；若是后一种情况，作为你生来无法容忍的事情发生了，那也无须烦恼，它会在你筋疲力尽之后自我毁灭。然而你必须记住，你生来就是要容忍一切的，这取决于你是怎样看待事物，使它们变得可以容忍和负担得起，并认为这么做是符合你的利益和义务的。

如果有人犯了错，你应该善意地教导他，指出他哪里错了；若你做不到这一点，那就该责怪你自己，或者甚至连你自己也别责怪。

无论你身上发生了什么事情，都是从很久以前就提前为你安排好的，各种原因的交织也永恒地编织出了你的命运安排和与该事件的联系。

无论宇宙是一个原子团还是一个自然系统，首先我们都应该弄清楚一点，那就是我是这个受自然本性支配的宇宙整体的一部分。此外，我与这些相似的部分之间关系密切。如果能记住我是这其中的一部分，就不会对整体分配的一切事物感到不满。须知，对整体有益的东西永远不会对其部分有害，因为整体不会包含那些对其自身有害的东西。既然所有的自然本性都有这样一个共同原则，那么宇宙还有一个特点，那就是在任何外力的作用下，它都不会产生任何会危害到自身的事物。

只要记住，我是这样一个整体的一部分，我就会为发生的所有事情感到开心。只要我和同类的各个部分继续保持着紧密的联系，我就不会做任何违背群体的事情，而且还会关注各个同类，把自己所有的精力都投入公共利益上，不做任何相反的事情。如果能如此，那么生活一定会很顺遂，正如一个一直为自己城邦成员的利益工作的城邦成员一样，快乐地完成城邦分配给自己的任务，他的生活肯定会很幸福。

整体的各个部分，也就是自然本性所包含的宇宙中的所有事物，都必定会被摧毁。那些被称为"毁灭"者的，其实就是"变化"。若这对于它们的本性来说属于恶，而且是不可避免的恶，那么整体就不会被很好地维持下去，因为它的各个部分都在发生变化，而且注定要以各种方式被摧毁。那么，是自然本性自己对自身的各个部分作恶，使它们都趋向于恶，并且无法避免地陷入恶，还是自然本性并不知道自己发生了这些变化？这两种情况都令人难以置信。

若有人放弃了自然本性这一概念作为促使事物发生变化的动因，一方面认为整体的各个部分都会发生变化，另一方面又对似乎有什么是违背自然发生的事情而感到惊讶或苦恼，一切竟然会分解成它由其产生的东西，这实在令人觉得可笑。事实上，组成物质的元行会分解或改变，从固体变成土壤，从呼吸的气体变成空气。这些东西被恢复成宇宙理性，或在经过一段时间之后被燃烧，或因无休止的变化而更新。

切勿认为固体和呼出的气体仍然是从你出生时就属于你的事物。事实上，这一切都来自你昨天或前天所吃的食物和吸入的气流。所以改变的是你所吸收的这些事物，而不是你母亲生育的那些。就算假设你母亲所生的那部分与你自己后来形成的这部分关系紧密，我认为，这与我们刚才讨论的原则也不相悖。

若你让自己享有以下这些赞誉：善良的人、谦逊的人、诚实的人、理性的人、和蔼的人、自尊心强的人，那便小心不要失去它们。如果你失去了这些称号，就必须迅速恢复。切记，所谓"理性的人"，意味着你可以明察每件事物并做出推论；"和蔼的人"，意味着你愿意接受共同本性分配给你的所有事物；"自尊心强的人"，则是指理智的部分超脱于肉体的平静或剧烈的运动，超脱于荣誉、死亡以及其他相似的事物。所以，如果你可以让自己配得上这些名声，而不是试图让别人这样称呼你，那么你将成为另一个人，进入另一种生活。须知，继续保持你目前的这种状态，在这种生活中被撕裂和玷污，这是一个对感知过于愚钝且极其留恋生命的人的生活，和那些在竞技场上被撕扯得只剩一半的人没什么区别。那些人身上已经满是伤口和血污，却还在乞求可以活到第二天，以便继续被投给那些野兽，和它们争斗。

所以让自己拥有这为数不多的几个好名声吧。如果你可以让自己保留住这些美名，那就保留它们，那时就会像移民到某个福岛上一样。然而，如果你觉得自己离开了它们，无法保有他们，那便勇敢地走到一个角落，让自己振作起来，但不是愤怒地，而是诚实地、自由地、谦逊地做好一生中的这一件事。有一点对你记住这些美名大有好处，那就是记住诸神。诸神想要的不是奉承讨好，而是一切理性动物都可以和他们一样。记住，无花果树就是做无花果树的事情，狗就是做狗的事情，蜜蜂就是做蜜蜂的事情，而人就是做人的事情。

戏剧演出、战争、恐惧、麻木、奴役，这些东西会一天天地抹去你的神圣原则，那些你身为一名自然研究者所思考并接受的许多原则。一切都得如此观察，凡事都要这样去做：做好自己所面对的事情，运用思维能力，坚持自己对万事万物的观点，不炫耀、不隐瞒。

你什么时候才能做到质朴呢？什么时候才能做到严肃呢？什么时候才能对一切事物的本质有所认知？它在宇宙中占据什么样的位置？它可能存在多久？它由什么事物组成？它可能属于谁？谁能把它送人？谁能把它拿走？

一只蜘蛛因为捕捉到一只苍蝇而骄傲，有的人因为捉到一只兔子而骄傲，有的人因为网到一条小鱼而骄傲，有的人因为抓到一头野猪而骄傲，有的人因为猎到一头熊而骄傲，还有的人因为抓到萨尔马特人[1]而骄傲。事实上，若你审视他们的原则，他们不都是强盗吗？

---

[1] 萨尔马特人（Sarmatae），斯库提亚的一个小部落，主要生活在多瑙河下游地区。

你不妨认真观察一下所有的事物都是怎样相互转化的，在这方面坚持并锻炼自己。须知，没有学问能如此让人如此开明。能做到这一点的人会摈弃自己的肉体，而且当他意识到自己在某个时候会把一切都留在这里而死去之后，他就会在自己的一切行为中绝对地维护正义，在其他方面则顺其自然。至于有人如何谈论他、如何理解他、如何对待他，他一点也不在乎。他只想满足于两件事，那就是，若他现在能做事公正，并对分配给他的一切感到心满意足。他抛开了所有的烦恼和挂碍，没有别的要求，只希望可以按照自然规律走上正确的道路，并在走正确的道路时追随神灵。

当你能够思考自己应该做什么时，你还怀疑什么；若你可以看清楚，那就带着善意一直向前走吧；若你看不清楚，那就要试着向智者请教。如果做事遇到任何障碍，你就需要坚持明显是公正的原则，按照当前的思路谨慎行事。须知，如果你能实现目标，那肯定是最好的，或者即使你失败了，那也是在尝试后的失败。

从容而灵活，快乐而冷静，这便是凡事都遵循理性原则之人的特征。

一觉睡醒，你就立即问自己："若别人做了公正和善良的事情，这对你会有什么不同吗？"并没有什么不同。那些喜欢表扬或诽谤他人者在卧榻或在用餐时的傲慢，你是否忘记了？他们做了什么？他们在回避什么？他们在追求什么？他们偷了什么？他们抢了什么？他们夺走了什么？当一个人愿意时，他可以用自己最珍贵的那部分，而不是用手或脚，产生信任、谦逊、真诚、法律和善良的守护神。

自然给予一切，也收回一切。一个受过教育的谦逊者对它说："你想给什么就给什么，你想收回什么就收回什么。"他说这句话的时候，并不是出于傲慢，而只是服从自然、善待自然。

剩下的时间已经不多了。你应该如同在山上一样生活。须知，如果一个人可以彻底像在宇宙城邦里那样生活，那么生活在这里还是在那里，并没有不同。让人们看到并认识一个真正顺应自然生活的人。如果他们受不了你，就让他们杀了你，因为这比像他们那样生活要好。

总的来说，别再讨论好人应该是什么样子的，而是应该去做一个好人。

请你首先
考察你自己

我们应该不断地思考整个时间和整个实体。应该把一切个别事物都当作整个实体的一部分，就像无花果树与种子一样；而在整个时间方面，则像是一个钻头般地转动。

仔细思考所有存在的一切，把它们看作是已经在分解的东西，正在变化中，也可以认为它们是即将衰变或消散，或者将一切都看作是必须经过死亡而产生的。

人们在吃饭、睡觉和进行其他各种行为时，是什么模样！此外，当人们傲慢自大或激动愤怒，处于高位而斥责他人时，又是什么模样呢！但是在不久之前，他们曾经对很多人卑微顺从，为了某些事情如此唯命是听。不久之后，他们又会变成什么模样！

宇宙自然给予每个事物的是有益于每个事物的，而且给予它们就是为了对它们有益。

"大地爱雨和雪，神圣的以太也爱。"宇宙也热爱并孕育着它想要创造的一切。因此我对宇宙说："我和你一起去爱。"不是还有这样一句谚语："这东西喜欢生长。"

要么你在这里生活，并且已经感觉到习惯；要么你离开这里，并且想要这么做；要么你死了，履行完了自己的责任。除此之外，再无其他。所以，振作起来好好地活着吧。

永远要明白，这个地方和其他地方一样，这里的一切都和山上、和海边、和你向往的其他地方一样。须知，你会发现柏拉图说得恰当。他说："住在城墙里就像在山上挤羊奶时被羊群所包围。"

对我而言，我的主导理性到底是什么？我现在让它成为什么样子？我现在正在如何利用它？它是否没有智慧？它是否自由自在，不喜欢交流？它融入肉体并与肉体混合，所以它就要受制于肉体吗？

逃离主人的人都是逃犯。法律就是主人，违法者就是逃犯。那些陷入悲伤、愤怒或恐惧的人往往企盼，统治所有事物的主宰，即分配给每个人他们应得的法的法者，不让过去、现在或未来的某事发生。所以，那些陷入恐惧、痛苦或愤怒的人也是逃犯。

一个人把种子放入子宫，然后离开了。另一个人接过了留下的种子并开始照料，形成一个胎儿。婴儿通过喉咙吞咽食物，另一个人照顾着他，让他有感觉，能移动，总而言之，给他生命、力量，以及其他各种东西。所以，请思考一下在这样的隐蔽中发生了什么事情，观察那个如此巨大的能力，就像我们观察可以使物体上升和下降的力量一样，虽然不是用眼睛，但也并非没有那样清晰。

必须不断地思考，所有现存的事物以前都这样存在过，还要想想，它们仍将会如此存在。所有类似的戏剧和场景，你所遭遇的或是从最近的历史中了解到的，都摆在你的面前，比如整个哈得利安朝廷，整个安东尼努斯朝廷，整个腓力朝廷，整个亚历山大朝廷和克洛伊索斯[1]朝廷。事实上，所有这些场景全都如此，不过是由其他一些人表演罢了。

想想看，所有对发生的事情感到痛苦或不满的人，都

---

1 克洛伊索斯（Croesus），古代小亚细亚的吕底亚国王，克洛伊索斯统治时期，吕底亚以富有和豪华而著称于世。

像是被当作祭品而挣扎嘶叫的动物一样；那些躺在床上暗自叹息我们被命运束缚的人，也像那个祭品。想想看，只有理性动物才被给予愿意服从所产生的一切品格。

你在做每件事的时候，都必须在每一部分停下来问问自己："死亡会阻止你完成这件事，所以死亡是可怕的吗？"

每当你对某人的错误行为感到愤怒时，就立即问自己是否会犯同样的错误，比如你是否会认为金钱是一件美好或令人快乐的事物，或者追求荣誉和好名声。须知，如果你能如此思考，很快就会忘却自己的愤怒，而且你还可以这样想，那个人是被迫犯错的，因为他又有什么办法呢？或者若你可以做到的话，就帮他解除这压力。

当你看见苏格拉底派的萨提隆[1]时，你就应当想到欧提克斯[2]或许门[3]；看见欧弗拉特斯[4]时，你就应当想到欧

---

1 萨提隆（Satyron），哲学家，是与马尔库斯同一个时代的人。

2 欧提克斯（Eutyches），哲学家，生平不详。

3 许门（Hymen），哲学家，生平不详。

4 欧弗拉特斯（Euphrates），斯多葛派哲学家。

提基昂¹或西尔瓦努斯²；看见阿尔基弗隆³时，你就应当想到特罗派奥福罗斯⁴；看见塞维罗斯⁵时，就应当想到克里同⁶或色诺芬⁷；看着你自己，你就要想到某个恺撒，并对各种情况以此类推。接着你再问问自己："他们现在身在何处？"没有人知道，或者不知道在哪里。事实上，你应该总是将人间事物看作烟雾和虚无，尤其是当你想到一旦一切都改变了，它就永远不会再存在的时候，更应当这么想。所以说，你为什么要这么努力工作？为何不满足于有序地度过这短暂的一生？

你错过了哪些材料和机会？所有的这些不是都能够用来理性地精准观察和研究生命的对象吗？所以，继续坚持吧，直到你吸收了所有的东西，就像一个强壮的胃吸收了一切，就像熊熊的火焰把投入的一切都变成火焰

1　欧提基昂（Eutychion），哲学家，生平不详。

2　西尔瓦努斯（Silvanus），哲学家，生平不详。

3　阿尔基弗隆（Alciphron），哲学家，生平不详。

4　特罗派奥福罗斯（Tropaeophorus），哲学家，生平不详。

5　塞维罗斯（Severus），逍遥派哲学家。

6　克里同（Criton），苏格拉底的朋友。

7　色诺芬（Xenophon），希腊著名历史学家，生活在约公元前430－公元前354年。

和光一样。

别让所有人都诚实地说你不诚实或不仁慈,而要让所有以这种方式评判你的人都是在说谎骗人。这一切全部都取决于你。因为谁可以阻止你变为善良和诚实的人呢?若你无法成为这样的人,你就只能放弃生存。须知,对于不是这样的人,理性也不要求他们继续活下去。

对于人的生命这一物质材料,可以用符合健康的方式去说去做些什么呢?事实上,无论你可以说什么或做什么,还是全部取决于你,别找借口说你遇到障碍了。

你不会停止哀叹,除非你最终可以感觉到,有时沉迷于享乐的人是如此奢侈放荡,而你无论拥有什么东西、看到了什么材料,都可以根据人类的结构做出恰当的事情。须知,所有的行为都可以符合自己的本性,这本应是一种享受,并且在各个地方都应该如此。

这样一来,圆柱体就没被赋予四处滚动的能力,不管是水、火还是其他各种由自然或无理性灵魂所控制的东西,都没有被赋予自己滚动的能力,有许多东西阻碍和阻止它们。但是智慧和理性却可以根据它们的天性和愿望通过所有的障碍。现在不妨想象一下理性穿过一切时的轻松场景:它就像火一般升起,就像石头一般落下,就像圆柱体一般沿着斜坡滚下,而不需要清除任何障碍物。须知,所有其他的障碍要么只能阻碍肉体,要么除非因想象力和理性本身允许,否则不能打败我们或伤害我们。否则被阻碍的人将立即受到伤害。

至于所有其他生物体,如果其中任何一种受到什么伤害,它本身肯定也会因此受损。但是可以说,在这种情况下,人们因为可以直接利用他们遇到的东西,反而会变得更好、更受到赞扬。

总之,你应该记住,人因为天性而成为城邦里的一员,任何无法破坏城邦的东西也都不能伤害城邦的成员;任何无法损害法律的东西也都不能损害城邦;通常被称为不幸的事件也都无法破坏法律。无法破坏法律的人也就不能损害城邦及其成员。

对于那些理解了真理的人来说,简单易懂的谚语就足以提醒他们不要陷入悲伤和恐惧。例如:秋风把残叶卷到地上,人类也是如此。

你的孩子是树叶;那些自以为令人信任的大声喊叫、大声赞美者,或者相反地诅咒辱骂者,或者暗暗地指责者和嘲笑者,也是树叶;传送他们身后好名声的人也同样是树叶。须知,所有这些都发生在春天来临的时候,然后风把它们吹落,此时另一代叶子又代替它们生长出来。但你却把所有这些事物当作是永恒存世的东西来逃避或追求。很快你也会闭上眼睛，另一个人又会成为哀悼你并为你送葬的人。

健康的眼睛应该可以看到所有可见的东西，而不是说"我只想看到绿色的东西"。因为那是一双有病的眼睛。健康的听力和嗅觉应该可以听到和闻到所有能被听到和闻到的事物。

健康的胃应该像石磨对待它需要研磨的一切一样，对待所有的营养物质。同样，健康的心灵也必须准备好面对一切可能发生的事情。如果心灵说："希望我的孩子们可以健康成长。"并表示："让大家都可以赞美我的所有行为。"这心灵就像只寻找绿色事物的眼睛，或像只寻找柔软食物的牙齿。

不会有人可以这么幸运，以至于当他去世时，周围所有人都对他的不幸遭遇感到悲痛。就算他是一个品行端正、聪明机智的人，也会有人在心里说："如今，我们终于摆脱了这个老学究，可以喘口气了。实际上，他对我们所有人都不严格，但我觉得他一直在心里默默地批评我们。"这便是品行良好之人的遭遇。至于我们，有多少其他原因让很多人想要摆脱我们。

所以，你应该这样考虑死去，并以一种较为平和的心态离开，想着：我现在正在离开这个世界，在这段时间里，他们是我的同伴，也是我一度为之奋斗、祈祷和用心的人们。如今他们都想让我离开，以便从中得到某种解脱。所以，为何一个人要希望自己可以在这个世界上花费更多的时间呢？

但也别因此就不友好地离开他们，而应该继续保持你固有的习惯、善良、友好和仁慈；也别像是被强行拖走一样，而应该像一个安详地死去的人一样，让可怜的灵魂离开肉体，当你离开他们时也应该如此。须知，是自然把你和他们结合在一起，又把你们给分开的。我离开人们就像离开亲友一样，没有被拉走，也没有被强行分开。应当明白，这也是一种顺应自然的行为。

在遇到事情的时候，必须让自己养成这样的习惯，那就是当有人在做某件事情时，你得这样反问自己："这个人做这件事的目的是什么？"此外从你自己开始，首先要考察你自己。

你应该记住，牵线者是我们心中隐藏的东西，它赋予我们语言和生命，让我们成为人类——如果能够这么说的话。你千万不要同时去想被外部包裹的躯壳和造成的其他器官。它们就像手斧，但区别在于，它们是自然生成的。只要从推动和阻止它们的原因中解脱出来，它们就不会比织工的梭子、作家的笔以及马夫的鞭子更为有用了。

第 11 卷

有人瞧不起我吗？那是他们的事。我要小心的是别出现让人鄙视的言行。有人嫉妒我吗？那是他们的事。不过我应该友善地对待所有人，甚至对于那些仇视我的人，也应该随时指出他们的错误，但不是谴责他们，也不是炫耀自己的宽容。须知，一个人的内心理应如此，让神看到他对任何事情都不生气或无法忍受。若你现在的所作所为符合你的自然本性，接受对宇宙自然而言是适时发生的事情，作为像你如今这样的人，渴望实现对公众有益的事情，那你还会遭遇什么不幸吗？

根据自己的意志
塑造自己

理性的灵魂具有以下特征：它看到自己，观察自己，根据自己的意志塑造自己，自己收获自己的果实——其他生物收获植物的果实和动物的类似的东西——无论生命的边界在何处界定，它都可以实现自己的目的。在舞蹈、表演和一些类似的技能中，如果遇到任何障碍，整个动作将是不完整的。但对理性的灵魂来说，无论在哪一部分、在哪个地方被停止，它都可以保证自己所进行的活动完整而充分，以至于可以说："我完全拥有自己的东西。"

它还走遍宇宙和宇宙周围的虚空，观察它的形态，延伸到无限的时间中，理解万物的循环和再生，进行思考，看出我们的后代不会再见到任何新的东西、我们的前辈也没有见到任何更多的东西。所以，如果一个四十岁的人具有某种智慧，他已经因为事物的相似性看到了所有存在过和将要存在的事物。理性灵魂固有的特征是爱邻居、真诚和谦虚。对一切事物的尊重都不会超过对自身的尊重，这也是法律的特点。因此，正确的理性和公正的理性毫无区别。

如果你把符合音律的声音分为每个发音部分，然后针对每个部分问自己："你被它征服了吗？"那时你就会鄙视那些好听的歌曲、舞台表演和全能比赛了。事实上，你也不会承认这一点的。对于舞台表演，你可以对每个动作和姿势进行相同的观察。对于全能比赛也是如此。总的来说，除了美德和符合道德的行为，必须记住观察事物的每一部分，分析它们之后，你就会鄙视它们。你也可以对整个人生都这么做。

随时准备在需要的时候就能够脱离肉体、熄灭、消散，这样的灵魂有多么高贵啊！这种"准备"定然基于自己的判断，而并非简单地负隅顽抗。他们是经过深思熟虑且有尊严的，而且是为了让人信服，而不仅仅是表演性的。

我为公众利益做了什么吗？我已经从中受益。要一直这么想，不能放松自己。

你有什么技能？"做一个好人。"但是，如果不是一方面基于对宇宙本质的深入理解，另一方面基于对人体结构的深入了解，你怎么能做好这件事呢？

起初，悲剧的演出是为了提醒人们曾经发生过什么，解释那些事情是顺应自然发生的。如果你喜欢舞台上表演的那些东西，就不要担心在人生更大的舞台上发生了什么。因为能够看出，那些事情是必须要去做的。就算是那些大喊着"基泰戎"[1]的人也不得不忍受。剧作家在某些事情上确实说了一些很有用的话，特别是这些诗句：

> 若是神抛弃了我和我的孩子，
> 这其中定有缘由。

又比如：

> 不应对发生的事情生气。

以及：

> 结束生命就像收割丰收的麦穗。

---

1 基泰戎（Cifhaeron）是一座山脉，位于希腊阿提卡北部与波奥提亚交界处。为了避免杀父娶母的命运，奥狄甫斯一出生就被父母遗弃在基泰戎山中。但后来奥狄甫斯发现自己还是摆脱不了自己一直想要摆脱的命运，使得预言成真，所以发出这样的呼喊。

旧喜剧[1]在悲剧之后出现，它的语言如同幼儿教育一般直白，通过直接说明并非没有好处地告诫人们不要傲慢。狄奥革涅斯[2]基本上也采用这种方式。然后是中期喜剧，它逐渐变得偏向于展示模拟技能。人们普遍认为，这些戏剧也讲了一些有用的东西，但总的来说，这种诗歌和戏剧的目的究竟是什么？

很明显，没有比你现在的生活更适合应用哲学的生活了。

从相邻树枝上剪下的一根嫩树枝，它不可能不是从整棵树上砍下来的。与一个人分开的另一个人，也肯定是从整个群体中分离出来的。如此一来，那根嫩树枝是被砍掉的，那个人则因为仇恨和遗弃自己而与邻居分开的，并且他不知道这样做同时也是将自己与整个城邦的群体分离。但是创造群体生活的诸神也赠送了一份礼物。所以，我们可以再次与相邻的树枝共同成长，并且再次成为整体的一部分。然而若这种分离频繁发生，分离的部分将难以重新结合并恢复到其原始状态。一般来说，园丁们会进行解

---

1 古希腊的旧喜剧主要内容是嘲讽政治，主要代表人物为阿里斯托芬（约公元前446－公元前385年）。

2 狄奥革涅斯（Diogenes），古希腊喜剧家。

释，指出从一开始就随树生长的树枝与被切断再重新连接的树枝是不同的。尽管它们一起长大，但它们的心性并不相同。

虽然有些人会妨碍你按照正确的理性去做事，但他们无法让你偏离有益的行为，也无法让你消除对他们的好感。你需要警惕以下两个方面：不仅要保持判断、行为冷静，还要对那些试图阻碍你或让你无法忍受的人保持温和的态度。须知，对他们生气是脆弱的表现，就像你因为恐惧而在行为上止步退缩一样。事实上，这两种人都放弃了自己的职位，前者因恐惧而退缩，后者则疏远了自己天生的亲朋好友。

"没有一种自然本性会比技能差。"因为艺术是对自然本性的模仿。若是如此，那么一切事物中最完美、最能被理解的自然本性将不亚于娴熟的技能。

所有的技能都是为了较高的技能而创造较低的技能，而共同的自然天性也是如此。正义就来源于此，其他各种美德也都服从于此。事实上，若是我们重视一些具有中间意义的东西，或者被欺骗、匆忙行事和变化不定，就无法维护正义。

若事情不倾向于你，追求或避免它们都会让你烦恼，是你自己用某种方式趋近于它们，因此你必须冷静判断那些事物，那些事情将会保持平静，你也不会再去追求或躲避它们。

当灵魂既不向外部事物延伸，也不向自身内部收缩，既不扩散，也不收缩，而是闪耀着光芒，既可以看到万物的真相，也可以看到自身的真相时，它保持自己原来的球形。

有人瞧不起我吗？那是他们的事。我要小心的是别出现让人鄙视的言行。有人嫉妒我吗？那是他们的事。不过我应该友善地对待所有人，甚至对于那些仇视我的人，也应该随时指出他的错误，但不是谴责他们，也不是炫耀自己的宽容，而是像那位有名的福基昂[1]一样真诚友善——若他那样说并非假装。须知，一个人的内心理应如此，让神看到他对任何事情都不生气或无法忍受。若你现在的所作所为符合你的自然本性，接受对宇宙自然而言是适时发生的事情，作为像你如今这样的人，渴望实现对公众有益的事情，那你还会遭遇什么不幸呢？

人们互相鄙视，又互相奉承；互相渴望超越对方，又

---

[1] 福基昂（Phocion），雅典将军、政治家，生活在约公元前402－公元前317年。雅典人曾经立法，重罚那些将戏剧费用挪为军费的人，一旦发现就会被处以死刑。福基昂就被指控犯了挪用戏剧费用罪，最后被执行死刑。据说他在行刑前劝儿子："不可因为此事对雅典人心怀怨恨。"

互相在对方面前卑躬屈膝。

　　这个人居然公开表示:"我将对你坦诚相待。"这是多么邪恶和虚伪。你这个人啊,你在干些什么?你不必发表这样的声明。它将显示出来,它将刻在你的额头上,它将直接通过你的声音响起,它将直接在你的眼睛里显现,就像恋爱中的人可以直接通过情人的眼神猜出所有的事情。总而言之,简单善良的人应该是这样的,就像他身上有某种气味,只要他站在那里,那些接近他的人不管是否愿意都能闻到它一样。

　　假装单纯的人是一把剑。没有什么比狼的友谊更可恨的了,你最应该远离它。善良、坦率、仁慈的人的眼睛里会显示出他的这些特征,而不会隐藏它们。

　　最美好地去生活,灵魂中有这样一种力量,若他可以不关心那些不重要的事情,他就会毫不在意。若他乐意区分这些事情,检查每一部分和整体,并且记住,没有任何一件事可以让我们对其产生看法,也不能迫使我们产生看法。

　　这些东西是静态的,是我们自己判断它们并将其记在我们的心里。但我们也可以不把它们记在心里,就算它们隐藏在某个地方,我们也可以直接删掉它们。此外还得切记,我们的这种注意的时间是短暂的,剩余的生命将会结束。为何抱怨事情不正常？若它们符合自然，就应该为它们感到高兴，并让它们使自己感到放松；若它们违背自然，那就试着找到符合你自然本性的东西并积极追求它，即使它无法给你带来荣誉。须知，追求自己是善的事物，这是能被理解的事情。

思考一切从何而来

思考一切从何而来，由什么东西组成，将如何改变，将变成什么，以及它们是否会遭受什么损害。

第一，我与人的关系是怎样的？一方面，我们生来就是为了彼此，另一方面，我生来就是要领导他们，就像公羊与羊群、公牛和牛群一样。从最初的原理来看，也就是说，统治着整个宇宙的若不是个原子群，那就是自然本性。若是如此，那么较低级的事物是为较高级的事物而生的，而较高级的事物则是为彼此而生的。

第二，有些人在餐桌前、在床上以及在其他场合的行为如何，尤其是他们愿意服从一些怎样的原则，他们在做这些事情时有多么傲慢。

第三，若是他们在这些事情上做对了，就不要再生他们的气；若他们做错了什么，那明显并非自觉自愿，而是因为无知。须知，一切灵魂都不会自愿放弃真理，也不会自愿失去公平对待所有事物的本性。所以，他们不会愿意被称为不公正的人、愚蠢无情的人、贪婪无度的人，总之就是不愿被称为喜欢对邻居作恶的人，并因此觉得苦恼。

第四，你自己也犯了很多错误，跟其他人一样。即使你避免了一些错误，但你也有这样做的倾向，虽然你并没有因为胆怯、珍视名誉或出于其他什么邪恶的考虑而没有犯过类似的错误。

第五，你还没弄懂他们是否做错了什么，因为很多事情都是由于某种原因才去做的。总的来说，我们需要提前了解很多事情，这样我们才可以有所理解地判断别人的行为。

第六，每当自己十分生气或烦恼时，想想生命是短暂的，我们都只能活很短的时间。

第七，困扰我们的并不是人们的行为，因为那些行为在他们的主导理性的范围之内，而是我们自己的观点。所以消除这种观点，坚决放弃你的判断，这样你的愤怒就会消失。那么，如何消除这种观点呢？想想看，哪种行为不会让你丢脸。须知，除非羞耻是唯一的恶，否则你也会犯很多的错误，成为强盗或其他什么人。

第八，我们对所发生的事情感到愤怒和痛苦所引发的后果，总是比引起我们愤怒和痛苦的事情本身的后果更为严重。

第九，善良是不可抗拒的，只要它是真诚的，既不是强颜欢笑也不是伪装。须知，最暴力的人又可以对你做什么？如果你一直待他友善，如果你在他准备伤害别人的时候找准时机好言相劝，冷静地制止他的行为："不要这样做，孩子，我们生来就是要做其他事情的。我不会受伤的，孩子，你是在伤害你自己。"如此深情地通过普通道理告诉他，事实并非如此，蜜蜂不会这样做，其他天生喜欢群居的动物也不会这样做。这样做的时候不要带有讽刺或责备，而要充满热情，不去刺激心灵，并且不同于学校教育，并非为了引起旁观者的称赞，而是就算场上还有其他人，也要只对他一个。

必须牢牢记住以上九条原则，并将它们视为缪斯[1]所送的礼物，趁你暂时还活着的时候开始做人。需要注意的是，同样也不能够对他人发火，也不能谄媚迎合，因为这两者非但不具有群居性，而且还会有害。当你生气时，你应该如此去想：愤怒并非男子气概，温文尔雅的性格才更符合人性，因此也更具男性特征，而且这种人才更有力

---

[1] 缪斯（Musae），古希腊神话中的文艺女神。

量、更加精力充沛、更加英勇过人，而不是那种容易生气、喜欢抱怨的人。一个人越是没有激情，就会越有力量。悲伤属于胆小者，愤怒也是如此。须知，这二者都会造成伤害，都是屈从。

若你愿意，请接受文艺女神首领[1]的第十件礼物，那就是指望坏人不做坏事是疯狂的。因为这是不可能的事情。允许坏人对他人作恶，而不是对自己犯罪，这是愚蠢和暴力的。

我们必须经常格外注意主导理性的四种变态，一旦发现就必须马上抛弃它，并且告诉每种变态："不必有这种想法，它会破坏人与人的情感联系，不是你发自内心所言。"须知，你认为的"不是发自内心所言"是最荒谬的。第四种情况是自责，这说明你的神圣部分已经向肉体的卑鄙、易腐和庸俗的观念屈从顺服。

你体内有混合在一起的气和火的部分，它们根据自己的自然本性是上升的，但它们仍然服从整个宇宙的安排，并且受制于这个人间混合物之中。你体内所有属于土和潮湿的部分，它们虽然根据自然本性是下降的，但仍然被激起，并被放置在与自己本性不合的位置上。所有元行都是

---

[1] "文艺女神首领"指的是阿波罗。阿波罗既是太阳神，也是艺术之神。

如此服从整体的，一旦被放置在某个地方，它们就会和生命共存，直到分解的信号再次从那里发出。

如此一来，只有你的理性部分不愿服从，不满足于自己的位置，这不奇怪吗？事实上，在它身上没有强加任何力量，不过它必须根据其本性采取行动，但它违背了，并将自己置于对立面上。事实上，所有倾向于不公正、放纵、愤怒、痛苦和恐惧的理性活动都不是别的，而是对本性的背叛。每当主导理性担心发生某件事时，它其实也放弃了自己的立场。须知，理性也是为虔诚敬神而生的，在这一点上不亚于为了正义。从概念上讲，虔诚属于友谊的本性，这比行为公正更重要。

人生目标总是改变的人，他的一生也总是变来变去的。然而，若只是这样表述而不补充说明人生目标是什么，那还是不够的。因为就像被许多人认为好人的身上并没有相似的观点，而仅仅是在与公共利益有关的问题上才有一致的意见一样，所以，我们也应该把公共和社会目标树立在自己面前。须知，若是一个人可以朝着这个目标尽全力，那么他所有的行为都将一致，并且始终如一。

别忘记乡村老鼠和城市老鼠的故事，以及城市老鼠的害怕和恐慌。

苏格拉底曾经把民众的意见称为拉弥亚[1]——一个孩子们害怕的妖怪。

在庆祝活动中，拉克戴蒙人[2]为客人安排了棚子下的座位，他们自己则随意找一个地方坐下。

苏格拉底向佩尔狄卡斯[3]解释自己为什么不去他那里时表示："为了不让自己以最不体面的方式死去。"这句话是指为了不让自己受到款待而无法回报。

以弗所[4]人的书中有这样一条箴言：要经常想到一位道德高尚的前辈。

毕达哥拉斯学派要求在早晨仰望天空，这样我们就可以想象星辰总是沿着同一条路线，完成它们相同的工作，并想象它们是有序的、纯洁的和诚实的，因为星辰没有任何遮掩物。

想想桑提帕[5]抢走了苏格拉底的外套离开之后，苏格

1　拉弥亚（Lamia），古希腊神话中半人半蛇的妖怪，喜欢吞吃小孩。

2　拉克戴蒙人（Lakedaemoni），就是斯巴达人。

3　佩尔狄卡斯（Perdiccas），出生于约公元前320年，本来是马其顿的亚历山大的手下。亚历山大死后，佩尔狄卡斯掌握了整个亚历山大帝国的政权，并邀请苏格拉底前往自己的宫廷，许诺送给他一块领地。也有一种说法是，他的儿子曾经这样盛情邀请过苏格拉底。

4　以弗所（Ephesus），古希腊的一座城市，位于小亚细亚西部沿海一带。

5　桑提帕（Xanthippe），苏格拉底的妻子，据说性格极其泼辣。

拉底用一张小羊皮把自己裹起来的模样；想想他的朋友们看到他穿成这样并为他感到羞愧而离开时，他对他们说了些什么。在写作和阅读中，你必须在做出指导之前先接受指导。生活中尤其如此。

你生来就是奴隶，言论自由不适合你。

……我暗自高兴[1]。

他们会谴责美德，说出严厉的话。

在冬天寻找无花果是疯子的行为，那些在不可能的情况下还寻找孩子的人也是如此。

埃皮克泰德曾说："一个亲吻孩子的人应该在心里说：明天早上你也会死的。"这是一句不吉利的话。"不，"他说，"只要是代表某种符合自然的事物，都不是不吉利的。否则，收割谷穗也是不吉利的。"

生葡萄、熟葡萄和干葡萄都是变化，不是变成不存在的东西，而是变成现在不存在的东西。

埃皮克泰德曾说过："无人可以剥夺自由选择。"

他还说："表示同意时必须遵守规则，采取行动时必须把握时机，注意环境条件，关心公共利益，考虑事物价值；必须完全克制欲望，不要规避不在我们能力范围

---

[1] 《奥德赛》，IX。

内的事。"

他又说:"辩论所涉及的不是普通的事物,而是关于疯狂还是不疯狂的问题。"

苏格拉底常说:"你想要什么?是理性动物的灵魂还是非理性动物的灵魂?要理性动物的灵魂。什么样的理性动物的灵魂?健康的还是邪恶的?健康的。那么你们为何不努力去追求它呢?因为我们自己已经拥有它了。那你们为何还在战斗和争论不休呢?"

第 12 卷

唯一的阳光的确存在,尽管它可能被墙壁、山脉以及无数其他东西阻拦。的确存在共同的本体,尽管它可能分布在无数具有不同特征的事物中。的确存在灵魂,尽管它可能被分配给无数的生物体,而且每个生物体都有自己的形状样貌。的确存在理性的灵魂,尽管它看起来是分裂的。

观察事物的本质
是怎样的

你一直在苦苦祈祷的一切，如今终于可以得到了，只要你不拒绝自己。若你可以抛弃过去的一切，把未来交给上天，只以虔诚和公正面对现在。虔诚的目的是让你可以热爱命运赋予你的那部分，因为自然把那部分交给了你，也把你交给了那部分。公正的目的是让你可以不加掩饰地、自由地说出真相，使你的行为符合法律及其自身价值，并且不让任何事物阻碍你，不管是他人的邪恶、观点或是喧扰的声音，还是包围着你的肉体的感觉，因为受影响的部分会照顾自己。

所以，若死亡在某一时刻来临时，你可以放弃一切，只尊重主导理性和你心中的神性，你害怕的不是生命不知在何时结束，而是你还没有按照自然的方式生活，那么你将是一个配得上孕育了你的宇宙的人，你将不再是家乡的外来者，不再像不曾预想过一样惊讶于每天发生的事情，并且为此而茫然无助。

众神可以看到所有去除了外衣、肉体和污秽后袒露出来的主导理性。这是因为神祇使用自己的智慧来接触那些由它自己注射到肉体而被释放出来的部分。如果你自己也习惯如此做，就可以帮自身摆脱很多疲劳。须知，一个不在意包裹在他周围的外在肉体的人，肯定也不会在衣着、住所、荣誉以及其他外表和配饰方面花费心思。

你由三样东西组成，那就是肉体、灵气和智慧。其中前两样东西，你只有保持住它们才是你的，只有第三样才真正属于你。所以，若你可以从心中摒弃其他人的言行，或你自己的言行，以及一切会让你烦恼的事情，一切因你那包裹着的肉体或一起生长的呼吸而不是预先安排好的东西，一切围绕在你身边的东西，以便你那摆脱了命运枷锁的理智能力可以过上纯洁自由的生活，公正地行动，接受所发生的一切，讲出真话。我再说一遍，若你可以让你的主导理性摆脱因感官影响而依附于它的事物，摆脱一切过去和未来的事情，让自己成为恩培多克勒的那个为自己的独自旋转而欢欣的圆球，努力过自己现在的生活，也就是你现在正在过的生活，那么你就能让自己不受干扰地、善良地、快乐地与自己内心的神共同生活，直至死去。

我经常感到惊讶的是，为何一个人对自己的爱超过对所有其他人的爱，但和他如何看待自己相比，他却更关注别人如何看待他。无论如何，如果有一位神或一位睿智的老师走到他的面前，要求他不要暗自去想或思考任何他不想公开宣布的事情，那他可能一天也忍受不了。因此，我们总是更关注别人对我们的看法，而不是我们自己对自己的看法。

　　诸神怀着一颗仁慈的心安排好了一切，但他们怎么只忽略了一件事，那就是有一些人，而且是一些很好的人，尽管他们与神交往密切，因为虔诚的行为和频繁的祭祀而与神有着密切的关系，可是一旦他们死了，他们就再也无法重生，而会完全消失了？若事情真是如此，那你就接受它吧；若应该另做安排，那诸神会去安排的。因为所有公正的事情都是可能发生的；所有合乎自然的事情，自然也都会实现它。若非如此，那你便相信不是这样，事情不应该这样发生。事实上，你自己也能看到，你这样追根究底，也是在与众神争论。但就算神不是最伟大的、最公正的，我们也不应该这样和神明争论。即使我们如此做了，他们也不会在自己所安排的宇宙秩序中失算地留下任何不公正、不合理的事物。

　　你甚至必须用那些明显很难完成的事情来对自己进行

训练。须知，就算是左手，也会因为缺乏训练而无法很好地完成其他事情，但在接受过相关训练后，它在握缰绳的时候却可以比右手更有力。

想象一下一个人临终时的身心状况；再想想生命的短暂，过去和未来时间的无限，以及所有物质的脆弱。

剥开外壳，观察因果关系，各种行为的目的，什么是痛苦，什么是幸福，什么是死亡，什么是荣誉，一个人内心的烦恼是为了谁，如何让一个人不受他人影响，所有这些都是意见。

运用规则时必须像全能运动员一样，而不是像击剑手一样。因为后者使用剑，剑掉下后会被夺走[1]，而前者一直只有手，除了挥动它外什么都不需要。

观察事物的本质是怎样的，并将其分为质料、原因和目的。

一个人是多么强大，他只做神赞赏的事情，接受神分给他的一切。

不要因为顺从自然而发生的事情去责怪神，因为他们没有有意识或无意识地做错任何事；也不要责怪人类，因为他们没有有意识地做错任何事。所以，不应该责怪任何人。

---

1 此处"剑被夺走"也可以理解为击剑手被杀死。

一个惊讶于生活中发生的事情的人有多么可笑和荒谬。

肯定要么是命运的必然性和无法改变的安排，要么是仁慈的神意，要么是没有经过考虑和指导的混乱。所以，若有无法改变的必然性，那你为何要拒绝它？若有愿意接受赎罪的神意，你应该让自己配得上神的帮助。若是没有指导的混乱，那就愉快地接受它，因为在这汹涌的浪潮中，你有存在于自身的主导理性。如果波浪冲走了你，那就让它冲走你的肉体、灵气和其他一切，但它无法冲走你的理性。

以公共利益
为目的去行动

一盏灯在被熄灭之前会一直照亮，放出光芒，而你心中的真理、公正和节制力为何却要提前熄灭？

有人让你觉得他做了错事。"我如何会知道那是否是错的？"若他真的错了，他可能已经像抓破自己脸一般地在自责了。

如果你想让坏人不做坏事，那就像试图阻止无花果树不流出无花果汁，阻止婴儿哭泣，阻止马儿嘶鸣，让其他事物不做必须要做的事情一样。他有这样的习性，那又能如何呢？所以，若你很难接受这种习性，那就改变它。

若是不应该做的，你就别去做；若是不真实的，你就不要说。必须控制人们的情绪。

始终观察事物的整体。到底是什么东西让你产生印象？打开它，分析它的形式、质料、目的以及它不可避免消亡的期限。

总有一天，你必须要让自己意识到，与产生各种欲望和如拉扯木偶般影响你的东西相比，你心里有更好、更类似于神的东西。我的心现在怎么样了？害怕？怀疑？渴望？还是其他什么类似的东西？

首先，不要随意地、无目的地去做事。其次，以公共利益为目的去行动。

想一想：很快你将会不复存在，消失不见；你看到的所有事物也都将不复存在，现在活着的人也将不复存在。因为万物生来就是要改变、转变和毁灭的，以便其他事物也可以顺次而生。

须知，所有的事物都是意见，并且都在你的控制范围之内。所以，当愿意的时候，你就去除掉它吧，那时就像对于绕过了岬角的航海者来说的一座风平浪静的海港。

不管什么样的活动，若在适当的时候停下，那它就不会是因为某种恶而停止，从而遭受恶。参与这项活动的人不会因为停止活动的原因而遭遇任何不幸。所以同样地，像是生命这种由各种活动组成的整体，若它在适当的时候被停止，就不会因为停止生命的原因而遭受恶；那些在适当的时间结束这一组合的人也不会遭受恶。适当的时间和界限由自然来决定，有时也由事物的特征来决定，比如老年，但是总体而言，整个宇宙通过各部分的变化一直保持着年轻和活力。

所有对宇宙有益的事物都是好的和合适的。所以对每个人来说，停止生命既不是恶，也不是耻辱，因为它既不是个人可以自主决定的，也不损害公共利益，并且还是好事，既然它对整个宇宙来说是适合时宜的、有益的和一致的。如此一来，如果一个人以与诸神相同的方式行动，并在意识形态上朝着与诸神相同的目标前进，那他就是被神运行着。

任何时候都必须遵守三条规则。

首先，你只做合意的、不违背公正的事；无论外面发生的事情是因为偶然还是因为神意，你都不能责怪偶然或神意。

其次，每个人是如何从胚胎到具有灵性，以及如何从具有灵性到交回灵性，由什么组合而成，又会分解成什么。

最后，如果你不小心被带到空中，从那里俯视世间和各种各样的事物，你会蔑视那个场景，并且会看到周围有多少人生活在空中和以太中。无论你起飞多少次，你都会看到相同的场景，相同的类型，转瞬即逝。而你却要赞美它们！

放弃辩驳，你就会得救。事实上，又有谁可以阻止你放弃呢？

每当你愤怒于某事时，你就忘了一点，那便是一切都是按照宇宙的自然方式发生的；你还忘记了，错误是别人的；你还忘记了，所有发生的事情一直都会是这样子的，过去如此，将来如此，现在也是如此在各处发生着；你忘记了，一个人和整个人类之间有什么样的血缘关系，这不仅与血统和人类起源有关，而且与理智有关。你也忘记了，每个人的理智，也就是神，都源于那里；你忘记了，没有什么东西是一个人的，他的孩子、肉体和渺小的灵魂本身都来自神；你还忘记了，所有的事物都是意见；你还忘记了，每个人都只是现在活着，而他失去的也仅仅是现在。

应当时常想起那些对事物极端不满的人，想想那些因伟大的荣誉、灾难、仇恨或各种各样的运气而出名的人，接着再想想："现在这些人都在哪里呢？"烟雾，灰尘，传说，或者没有留下任何传说。这样的例子数不胜数，比如乡下的法比乌斯·卡图利努斯[1]、园林里的卢基乌斯·卢

---

[1] 法比乌斯·卡图利努斯（Fabius Catullinus），生平不详。

普斯[1]；再比如拜伊埃的斯特尔提尼乌斯[2]、卡普里亚的提比略[3]以及维利乌斯·鲁孚斯[4]。总的来说，他们曾经都以为自己很了不起，但结果都是一样的。人们通常所追求的东西是如此毫无价值。一个人在提供给他的物质条件下，朴实地让自己公正、节制、追随神明，这是多么有哲学气质啊！标榜自己不傲慢的傲慢才是最让人讨厌的。

曾有人问："你在何处见过神？你为何确信神存在并如此虔诚地崇拜他们？"答案是：首先，他们甚至可以用肉眼看得到；其次，我从未见过自己的灵魂，但我也非常敬重它。所以，我就是如此从每一次对神的力量的体验中感受到他们的存在，并虔敬他们。

生命的救赎在于全面观察每一个事物本身是什么？它的质料是什么？它的形式是什么？全然发自内心地去做公正的事、说真实的话。除了一件接着一件地做好事，以至

---

1 卢基乌斯·卢普斯（Lusius Lupus），生平不详。有人提出此处所指的可能是利基尼乌斯·卢库卢斯（L·Licinius Lucullus），此人擅长布置园林，并因此出名。

2 斯特尔提尼乌斯（Stertinius），有可能是指那不勒斯（Neapolis），是一个非常富有的医生。

3 提比略（Tiberius Claudius Nero），生于公元42年，是罗马帝国的第二任皇帝，于14－37年统治着罗马帝国。提比略晚年不关心政事，长居在那不勒斯附近的卡普里亚岛。

4 维利乌斯·鲁孚斯（Velius Rufus），生平不详。

于没有一点间隙去享受生活外，我们还能做什么呢？

唯一的阳光的确存在，尽管它可能被墙壁、山脉以及无数其他东西阻挡。

的确存在共同的本体，尽管它可能分布在无数具有不同特征的事物中。的确存在灵魂，尽管它可能被分配给无数的生物体，而且每个生物体都有自己的形状样貌。的确存在理性的灵魂，尽管它看起来是被划分了的。在上述各种事物中，所有其他部分，比如呼吸，都是一些无感觉的、彼此互不关联的基础物质，但理智也将这些部分结合起来，使它们相互联系。

心灵尤其喜欢趋近同宗并与之结合，无法将其共同的情感分开。

你在找什么？在找继续存在的方法吗？不管怎样，想要有所感觉？有欲望？想继续生长？然后停止生长？可以使用语言吗？可以思考吗？你想要这些东西中的哪些？若这些事物都不值得关注，那么你最终会去追求理性和神的吧！然而重视那些东西，担心死后会失去一切，这与追随理性和神是矛盾的。

在这无限延续的时间中，分配给每个人的时间只占了多微小的一部分？因为瞬间它就会消失在永恒之中。每个人所具有的只是宇宙本体中多么渺小的一部分，是宇宙灵魂中多么渺小的一部分？你爬行的地方在大地上有多微小？想想这一切，别认为会有比你的本性引导你去做的、自然本性分给你的东西更为重要的事物。

主导理性是如何运用自身的？须知，所有事物都包含在这里面。其他的一切，无论你愿意选择还是不愿意选择，都是无生命的尘土和烟气。

以下事实最能激励我们蔑视死亡：甚至那些视快乐为善、视痛苦为恶的人[1]也同样蔑视死亡。

对于一个只将及时死亡看作是件乐事、要求顺从正确的理性去做更多或更少的事情都一样、花更多或更少的时间去看世界并无所谓的人来说，死亡并不可怕。

人啊，你已经是这个伟大城邦的居民了，延续五年或一百年对你来说又有什么不一样的呢？须知，根据自然规律发生的事情对每个人来说都是一样的。所以，若从这个城邦带走你的并非暴君，也非不公正的法官，而是自然之道，那有何可怕之处？这正如城邦的军政官选择了一个喜剧演员，然后又解雇了他一样。

"但我还没有演完五幕，只演了三幕。"你说得不错，

---

1 "视快乐为善、视痛苦为恶的人"应该指奥托、佩特罗尼乌斯、伊壁鸠鲁等人，他们都做过有关死亡的逻辑推论。

但在人生中,三幕也算一出完整的戏了。须知,戏剧的结局从前由编剧决定,现在则由解散演出的人决定,而你在这两方面都没有责任。所以,你就这样快乐地离开吧,因为解雇你的那个人也是这么快乐地去做的。